COLLECTION

DES ECRIVAINS FRANÇAIS DU MOYEN AGE

LE BESTIAIRE D'AMOUR

ET

LA REPONSE DE LA DAME

TIRE A 350 EXEMPLAIRES.

IMPRIME CHEZ AUGUSTE HERISSEY, A EVREUX.

LE
BESTIAIRE D'AMOUR

PAR

RICHARD DE FOURNIVAL

SUIVI DE LA

REPONSE DE LA DAME

ENRICHI DE 48 DESSINS GRAVÉS SUR BOIS

PUBLIES POUR LA PREMIERE FOIS

D'APRES LE MANUSCRIT DE LA BIBLIOTHEQUE IMPERIALE

PAR C. HIPPEAU

PROFESSEUR A LA FACULTE DES LETTRES DE CAEN

A PARIS

CHEZ AUGUSTE AUBRY

L'UN DES LIBRAIRES DE LA SOCIETE DES BIBLIOPHILES FRANÇOIS

RUE DAUPHINE, 16

M. D. CCC. LX

1860

INTRODUCTION.

———

Dans mon introduction au BESTIAIRE DIVIN de Guillaume, clerc de Normandie, publié pour la première fois d'après les manuscrits de la bibliothèque impériale, j'ai montré tout le parti que l'archéologie religieuse doit tirer de l'étude des *Bestiaires*, des *Volucraires*, des *Lapidaires* et des autres compositions analogues, pour l'explication des nombreuses représentations symboliques qui figurent dans l'iconographie religieuse du moyen âge. Dans l'ensemble des connaissances les plus familières aux hommes du XIIe et du XIIIe siècle, l'histoire naturelle occupait

une place fort importante. On songeait beaucoup
moins alors qu'on ne l'a fait depuis, à recueillir
des faits reposant sur des observations exactes ;
l'on s'attachait de préférence à reproduire cer-
taines traditions plus propres à satisfaire le pen-
chant universel pour le merveilleux. Ces tradi-
tions constituaient une sorte d'*histoire naturelle
légendaire*, devenue, pour l'esprit mystique de
cette époque, la source d'une multitude d'ins-
tructions morales ou d'applications plus ou moins
ingénieuses aux mystères de la religion (1). Vul-
garisées par la parole et l'écriture, elles for-
mèrent comme un fonds commun de connais-
sances, dont on rencontre partout la trace (2).

Les mêmes objets, dans lesquels l'auteur du
BESTIAIRE DIVIN, à l'exemple des Pères de l'Église,
commentateurs éloquents de l'œuvre des six
jours (3), avait trouvé les images des vices qu'ils

(1) Cette *Histoire naturelle légendaire*, dont nous n'avons donné
qu'un aperçu dans notre Introduction au *Bestiaire divin*, est en ce
moment même l'objet d'un ouvrage qui est sous presse et qui a pour
titre : L'HISTOIRE NATURELLE LÉGENDAIRE, DANS SES RAPPORTS AVEC L'ART
CHRÉTIEN.

(2) Nous nous bornerons à indiquer le *Speculum naturale* de Vin-
cent de Beauvais ; le *Traité des Animaux*, d'Albert-le-Grand ; le livre
de *Proprietatibus rerum*, de Barthelemy Glanvil ; et le *Trésor de
Brunetto Latini*, dont il faut espérer que la publication ne se fera
pas longtemps attendre.

(3) Les plus célèbres homélies sur l'œuvre des six jours sont celles
de saint Basile, d'Eustathe et de saint Ambroise. On peut y joindre
le commentaire attribué à saint Épiphane, sur le *Physiologus*.

condamnent et des vertus qu'ils conseillent, ou qu'il avait présentés comme symboles des principaux mystères de la Foi, un chancelier de l'église d'Amiens, Richard de Fournival, les faisait servir, dans le même temps, à un dessein beaucoup moins édifiant. Les notions que lui fournit son savoir en histoire naturelle sont pour lui autant d'arguments en faveur d'une thèse d'amour, à laquelle il revient sans cesse, afin de démontrer à *sa dame* qu'elle ne peut se dispenser de céder à ses instances et de partager la passion qu'il éprouve ou qu'il feint d'éprouver pour elle. Telle est la signification, tel est l'objet du BESTIAIRE D'AMOUR de maître Richard de Fournival. Si le savant docteur se montre, en effet, parfaitement au courant des merveilles racontées par les naturalistes de son époque, il n'est pas moins versé dans la connaissance de ce code de la galanterie, mis en vogue par les romans chevaleresques, et avec lequel les poëtes du cloître devaient être alors tout aussi familiers que les poëtes du monde.

C'est une singulière idée que celle d'adresser à une femme une suite de requêtes amoureuses et de prières passablement pressantes, en s'autorisant de certaines propriétés, vraies ou fausses, que la science du temps attribuait aux animaux! Et l'on a lieu de s'étonner de rencontrer chez un écrivain, chez un clerc du temps de saint

Louis, un exemple de ces fadeurs et de ce goût plus que suspect, mis à la mode au xviiie siècle par l'auteur des *Mondes*, et dont le type le plus complet est l'auteur des *Lettres à Émilie sur la Mythologie*, parfaitement oubliées aujourd'hui, je pense. (1)

C'est dans un esprit tout à fait semblable qu'après avoir décrit les cinq sens qui servent aux animaux pour *voir, ouïr, goûter, flairer* et *toucher,* et montré par des exemples, comment la nature supplée, chez quelques-uns d'entre eux, à la faiblesse ou à l'absence d'un de leurs sens, en douant les autres d'une délicatesse plus exquise, l'auteur du *Bestiaire* ajoute que l'amour, pour se venger de lui, s'est successivement emparé de ses sens, le tenant ainsi entièrement au pouvoir et à la discrétion de celle qu'il appelle toujours « sa belle très douce aimée ! »

Cette subtilité dans l'érudition, ce savoir, à la fois prétentieux et naïf, ces fleurs de l'histoire naturelle rassemblées en bouquets à Chloris,

---

(1) Voici comment Dumoustier retrouve auprès d'Emilie toutes les SAISONS de l'année :

> Quand je vois vos attraits, c'est pour moi le PRINTEMPS ;
> Quand je cueille un baiser, c'est l'ÉTÉ, je moissonne ;
> Quand vous me prodiguez, dans vos discours charmants,
> Les fruits de votre esprit, j'amasse, c'est l'AUTOMNE ;
> Mais si dans vos yeux, dans votre air,
> Je vois de la froideur, je tremble, c'est l'HIVER.

composent une œuvre originale que l'on nous
saura gré d'avoir offerte aux amis de notre vieille
littérature, devenue enfin l'objet d'une sérieuse
attention. La critique, en effet, ne se borne plus
à admirer ou à commenter quelques chefs-
d'œuvre se distinguant surtout par la perfection
de la forme ; elle considère les œuvres litté-
raires de toutes les époques, même des moins
privilégiées, comme des productions de l'esprit
humain, venues à leur heure, et dignes par ce
motif des regards de l'historien.

Voici le résumé sommaire du BESTIAIRE
D'AMOUR :

L'auteur n'entre véritablement en matière
qu'après un assez long préambule, dans lequel,
se fondant sur le penchant qui inspire à tous
les hommes le désir de connaître, il rappelle
qu'il y a *deux portes* par lesquelles la MÉMOIRE re-
çoit les trésors dont elle peut s'enrichir : la *pa-*
role et la *peinture*. C'est donc par la parole et par
la peinture que, traitant, dans son écrit, des
bestes et des *oiseaux*, il s'efforcera de prendre
place dans la mémoire de la dame à laquelle il
adresse son livre. Déjà, bien souvent, il lui a
fait entendre ses vœux; souvent « il l'a priée
« d'amour; » ses sollicitations et ses soins ont
été superflus. A l'exemple donc des rois, dit-il,
qui, lorsqu'ils vont guerroyer, trouvant insuffi-
santes les troupes qu'ils ont appelées sous leur
bannière, *parmandent* toutes celles qu'ils ont
laissées dans leurs foyers et convoquent leur AR-
RIÈRE-BAN, lui-même fait un dernier appel dans
cet écrit, qui sera l'arrière-ban de tous ceux
qu'il lui a déjà envoyés. Il s'efforcera de « dire
du mieux qu'il sait, » dans l'espérance d'être
enfin pris en gré par sa dame.

Le chant du coq devient plus fréquent aux approches du jour et sur le soir ; mais c'est à minuit que sa voix a plus de force et que son cri est plus strident. Le chant du jour et de la vêprée signifie l'amour dont on n'a ni désespérance entière ni entière espérance ; mais celui de la nuit est l'emblème de l'amour sans espoir.

Voilà pourquoi, dit Richard, n'ayant maintenant aucune espérance de votre bonne volonté avoir, il faut bien que ma voix s'élève, dût-elle ressembler à celle de l'ANE SAUVAGE, qui, pressé par la faim, crie et brait jusqu'à en perdre la vie. Mais que dis-je ? puis-je chanter, et n'ai-je pas perdu la vie moi-même ?

On raconte que si le LOUP est aperçu de l'homme, avant qu'il ne l'ait aperçu lui-même, il perd toute sa force et sa hardiesse ; c'est, au contraire, l'homme qui devient muet et ne peut mot dire, si c'est le loup qui l'a vu le premier.

La même chose se voit en amour d'homme et de femme. Celui des deux qui s'aperçoit le premier qu'il est aimé, se trouve par cela même le plus fort. J'ai donc été vu le premier, et, d'après la nature du loup, j'ai dû perdre la voix. J'ai eu beau faire comme le pauvre GRILLON, qui aime tant à chanter qu'il en perd le manger, et qu'il se laisse prendre ; plus je m'efforçai de chanter, du mieux qu'il me fut possible, et plus mal je m'en trouvai.

Il est un pays où les CYGNES chantent si bien et si volontiers que, quand on harpe devant eux, ils s'accordent à la harpe : leur voix est surtout harmonieuse dans l'année où ils doivent mourir; si bien que, quand on en voit un bien chantant, l'on dit qu'il mourra dans l'année, de même qu'en voyant un enfant d'un esprit supérieur, on dit : Il ne vivra pas longuement.

Pour ne pas mourir comme le grillon ou comme le cygne, j'ai donc laissé là mes chants et convoqué mon arrière-ban. Je vous l'envoie en manière de contre-écrit. Hélas ! je me suis bien repenti de m'être aperçu que je vous aimais, avant de savoir ce qui devait m'en revenir ! Je vous l'ai trop laissé voir et je me suis exposé à vous perdre ! Ah ! si j'avais pu faire comme le CHIEN, qui, retournant à la nourriture qu'il a rejetée, la mange derechef; comme je r'engloutirais la prière qui m'est échappée de la bouche !

La femme veut volontiers savoir d'autrui ce qu'elle ne veut pas que l'on sache d'elle-même. Voici trois propriétés du LOUP qui se retrouvent dans la nature de la femme :

Le loup a le col si roide qu'il ne le peut fléchir et qu'il tourne son corps tout d'une pièce;

secondement, il ne prend jamais sa proie auprès de sa tannière; troisièmement, il n'entre en une bergerie que le plus doucement qu'il peut; et s'il lui arrive de briser sous son pied quelque branche d'arbre qui fasse du bruit, il s'en punit lui-même, en se mordant « moult « angoisseusement le pié. »

C'est ainsi que la femme ne peut se donner sinon tout entière, selon la première nature du loup; selon la seconde, s'il lui arrive d'aimer un homme éloigné d'elle, son amour est extrême, et s'il est près d'elle, elle n'aura pas l'air de prendre garde à lui; enfin, selon la troisième nature, si elle laisse trop voir l'amour qu'elle éprouve, elle se punit d'être allée plus loin qu'elle ne voulait, en prenant un ton sévère.

La femme peut encore être comparée à la WIVRE, qui fuit devant un homme nu et court sus à celui qu'elle voit habillé. Ainsi avez-vous fait de moi, belle très-douce aimée, et vous m'avez traité comme le chasseur traite le SINGE CHAUSSÉ.

La nature du singe est telle qu'il contrefait tout ce qu'on fait devant lui; or les habiles chasseurs, qui veulent en prendre un par ruse, cherchent un lieu d'où il puisse les apercevoir; puis ils se chaussent et déchaussent devant lui, et se retirent en laissant un soulier à sa mesure.

Ils partent, et alors vient le singe; il prend le soulier et le chausse pour son malheur! Avant qu'il ait pu le déchausser, le chasseur accourt et le singe ne peut fuir, ni en arbre monter, ni ramper; et ainsi se trouve pris.

Ces exemples prouvent bien que l'on doit comparer à l'homme nu celui qui n'aime pas, et à l'homme vêtu celui qui aime. Car de même que le singe est libre tant qu'il est nu-pieds et qu'il est pris lorsqu'il se chausse : de même l'homme qui est surpris par l'amour se trouve en quelque sorte en prison.

Je comprends maintenant comment, depuis que je vous ai fait l'aveu de mon amour, vous vous êtes montrée plus sévère qu'auparavant. Il me semble cependant que vous auriez dû faire le contraire et mieux me traiter, lorsque vous m'avez vu vêtu de votre amour, que lorsque j'en étais nu. Le CORBEAU maltraite ses petits corbillots, tant que leurs plumes ne sont pas aussi noires que les siennes; il les soigne aussitôt qu'ils lui ressemblent en ce point. Ainsi auriez-dû faire, belle très-douce aimée. Tant que j'ai été nu de votre amour, vous avez pu me négliger; mais une fois que, vêtu d'amour, j'ai pu porter un écusson de vos armes, vous auriez dû me chérir et me nourrir en votre amour, toute nouvelle et toute tendre qu'elle fût encore, ainsi que l'on nourrit un petit enfant.

Je viens de parler du corbeau. On dit que lorsqu'il trouve un homme mort, la première chose qu'il attaque ce sont les yeux, puis la cervelle, et plus il en trouve, plus il en tire. Ainsi fait l'amour : dès la première rencontre, l'homme est pris par les yeux; ce qui n'aurait pas lieu s'il ne regardait pas. On dit, en effet, que lorsque le LION mange sa proie, il laisse passer sans l'attaquer l'homme qui ne le regarde pas. Mais si l'homme porte ses yeux sur lui, il lui court sus et le dévore. Oui, c'est par les yeux que l'amour s'empare de l'homme, c'est par les yeux que celui-ci perd sa cervelle !

La cervelle de l'homme signifie la raison. Et comme l'esprit de vie qui donne le mouvement gît dans les yeux, et la chaleur qui nourrit, dans le foie, ainsi la cervelle est le siége de la raison qui donne l'entendement. Quand l'homme est amoureux, la raison ne peut plus lui servir : il la perd tout entière; et plus il en a, plus il en perd. Car plus l'homme est sage, plus l'amour fait d'efforts pour le soumettre à son pouvoir.

Il y a des femmes, sans doute, qui accueillent avec plus de bonté l'homme qui est vêtu d'amour que celui qui en est nu ; mais il y en a d'autres aussi qui ont la tête percée, de manière que si l'amour entre chez elles par une oreille, il en sort par l'autre. Elles ressemblent alors à la BELETTE, qui conçoit par l'oreille et enfante par la bouche. Leur fait-on entendre de douces paroles d'amour, et se sentent-elles disposées à aimer ? Cet amour, qu'elles ont en quelque sorte conçu par l'oreille, elles s'en délivrent par la bouche, au moyen d'un refus, se hâtant de changer de discours, de peur d'être prises; et l'amant se désespère !

Il est un petit oiseau que l'on appelle CALADRE. Le porte-t-on devant un malade ? S'il le regarde au milieu du visage, c'est signe que le malade guérira; s'il se tourne de l'autre côté, sans vouloir le regarder, on juge que le malade doit mourir.

Puisqu'il vous pèse que je vous aie priée d'amour, belle très-douce aimée ; puisque, depuis que je vous ai parlé de mon mal, vous avez détourné de moi vos regards, on peut bien me considérer comme mort ! Car vous m'avez mis dans un déconfort qui m'enlève tout espoir de grâce ou de merci, et c'est là la mort d'amour ! Je suis donc mort ! Il n'est que trop vrai. Mais qui m'a tué ? Est-ce vous ? est-ce moi-même ? — Je ne sais. Peut-être sommes-nous tous les deux coupables ? Lorsque la SIRÈNE tue l'homme qui s'est laissé endormir par son chant, ne sont-ils pas tous deux coupables, elle de trahison et lui d'une trop aveugle confiance ? Je n'ose vous accuser de trahison ; j'aime mieux m'accuser seul de ma mort. Car je vivrais encore, si lorsque j'entendis votre trop douce voix, j'eusse été aussi sage que le serpent qui garde le baume.

Ce serpent est l'ASPIC. On ne peut avoir le baume qui dégoutte de l'arbre confié à sa garde, que si l'on parvient à l'endormir au son de la harpe ou d'un autre instrument. Il le sait bien ; aussi, au premier son qu'il entend, il applique sa queue à l'une de ses oreilles, et il frotte l'autre à la terre et la remplit de boue : quand il s'est ainsi assourdi, on ne peut l'endormir.

Ainsi, dussé-je avoir fait ! La première fois que je m'approchai de vous, j'eus le pressentiment du mal qui m'en est advenu. J'hésitai d'abord, vous le savez ; mais enfin je me risquai et je m'endormis au chant de la sirène. Est-ce merveille si j'y fus pris ? Oh non ! car il y a dans la voix un charme si doux et si décevant qu'il fait tout oublier !

C'est pour la mélodie de son chant que l'on garde le MERLE, bien qu'il soit le plus laid des oiseaux. C'est par la voix que l'on supplée à l'absence des autres sens.

La TAUPE n'y voit goutte ; elle a les yeux par-dessous la peau ; mais elle entend si clair que

nul ne peut la surprendre. On sait que la taupe
est une des cinq bêtes qui ont les sens les plus
parfaits. Les quatre autres sont le LYNX, pour la
vue (c'est un petit ver blanc qui voit à travers
les murs), le VAUTOUR, pour l'odorat (car il
sent, au flair, un corps mort de trois journées
de loin), le SINGE, pour le goût, et l'ARAIGNÉE,
pour le toucher. La taupe a encore une autre
spécialité : elle est une des quatre bêtes qui
vivent de pur élément. Le monde, on le sait,
se compose de quatre éléments : le *feu,* l'*air,* l'*eau*
et la *terre.* La taupe vit de pure terre, le HARENG
d'eau, la SALAMANDRE de feu (c'est un oiseau blanc
qui de feu se nourrit) et le PLUVIER d'air.

Mais c'est surtout par la finesse de son oreille
que la taupe se distingue. Elle prouve l'excel-
lence de la voix et la puissance du chant. Ceux
qui ont étudié la haute philosophie connaissent
le pouvoir de la musique sur les abeilles, par
exemple, qui, sorties des ruches, y peuvent
être ramenées par le chant. Les anciens savaient
bien jusqu'à quel point la musique peut raffer-
mir ou amollir les courages ! Si telle est la puis-
sance de la voix, ce ne fut pas merveille si je
fus séduit par la vôtre ; car c'était bien la plus
douce voix que j'eusse ouïe : et celle qui la fit
entendre était bien la plus belle personne que
j'eusse jamais vue !

Je fus donc à la fois pris par les oreilles et par les yeux. La TIGRESSE à qui on vient d'enlever ses petits est transportée de fureur; mais si le chasseur place devant elle un miroir, et qu'elle y arrête les yeux, elle se complaît tellement à admirer la beauté de sa haute taille, qu'elle oublie de poursuivre les ravisseurs et se laisse prendre elle-même!

Je fus pris encore par l'odorat, ainsi que l'UNICORNE, qui s'endort au doux flair d'une jeune fille vierge.

Cette bête cruelle a sur la tête une longue corne à laquelle aucune armure ne peut résister; aussi nul n'oserait lui courir sus ou l'attendre, si ce n'est une jeune fille vierge. Quand l'unicorne en sent une au flair, elle vient s'agenouiller devant elle et s'humilier doucement, comme pour la servir. Les chasseurs placent donc une vierge sur son passage. L'unicorne vient s'endormir en son giron et périt.

C'est ainsi que l'amour s'est vengé de moi : il me semblait, dans mon orgueil, qu'aucune femme, si belle qu'elle fût, ne m'inspirerait jamais un amour assez violent pour me faire désirer sa possession; et l'amour, cet adroit chasseur, mit sur mon chemin une sage pucelle, à la douceur de laquelle je me suis endormi; et je suis mort de la mort d'amour, qui est le désespoir, sans attente de merci.

Entraîné sur ses pas, j'ai laissé ma volonté pour suivre la sienne, de même que les bêtes, dès qu'elles ont senti l'odeur de la PANTHÈRE, la suivent jusqu'à la mort, entraînées par la suavité de son haleine.

J'aurais échappé à ce péril, si j'avais eu la prévoyance de la GRUE. Lorsque les grues voyagent par troupes, une d'elles fait le guet. Elle a soin de se poser sur de petites pierres qui l'empêchent de se tenir debout et de dormir : frappant symbole de la prévoyance !

L'homme qui manque de prévoyance ressemble au PAON qu'enlaidit la perte de sa queue. Cette queue couverte d'yeux est aussi l'image de la prévoyance. Mais eussé-je eu autant d'yeux qu'il y en a sur la queue du paon, je n'en aurais pas été moins facilement endormi par le pouvoir d'une voix mélodieuse. C'est ainsi que, malgré ses cent yeux, ARGUS fut endormi par le son de la flûte et tué par Mercure. Et moi aussi je suis mort, mais n'est-il pas quelque moyen de me rappeler à la vie ?

On ne sait comment l'HIRONDELLE peut rendre la vue aux petits qu'on lui a enlevés et à qui on a crevé les yeux. On ne sait avec quelle herbe la belette ressuscite les petits qu'on lui a tués.

Le LIONCEAU vient au monde privé de vie ; mais pendant trois jours son père, en rugissant, le réchauffe de son haleine et le fait vivre. Ah ! que vous pourriez facilement me rendre aussi la vie, si vous vouliez me permettre de vous aimer ! Le PÉLICAN aussi ressuscite ses petits. Quoiqu'il soit pour eux plein de tendresse, il lui arrive quelquefois de les tuer ; mais dans sa douleur, il se déchire le sein, et leur rend la vie en les arrosant de son sang. Vous auriez un moyen infaillible de me rendre la vie ; ce serait de m'ouvrir votre sein et de me donner votre cœur.

Le CASTOR porte avec lui une petite poche remplie d'un parfum ardemment convoité par les chasseurs. C'est pour l'obtenir qu'ils le poursuivent. Aussi lorsque l'intelligent animal se voit serré de si près qu'il craint de ne pouvoir échapper, il se débarrasse lui-même avec ses dents de l'objet qui le fait poursuivre, et rachète sa vie au moyen de ce sacrifice. Vous m'avez dit un jour que vous souffririez volontiers ma présence, s'il ne fallait pas, pour vous délivrer de moi, vous décider à me donner votre cœur. Que n'imitez-vous le castor et que ne m'abandonnez-vous ce cœur, dont la possession est la seule cause de mes poursuites ?

Vous l'avez malheureusement enfermé sous une forte serrure, dont vous seule avez la clef.

2

Je pourrais l'ouvrir peut-être, si j'avais en ma possession une certaine herbe dont se sert le PIC, pour déboucher l'entrée de son nid.

Le pic fait son nid dans le creux d'un arbre, dont l'entrée est très-petite. Pour éprouver son pouvoir, il y a des gens qui s'amusent à fermer cette entrée avec une cheville. Alors l'oiseau va chercher une herbe de lui seul connue, l'apporte dans son bec, en touche la cheville, qui aussitôt sort du trou et tombe à terre. Ah ! si je connaissais une herbe semblable pour arriver jusqu'à votre cœur, comme je m'empresserais d'en faire usage ! Mais nulle raison, nulle parole, nulle prière, ne pourraient me servir. Je n'ai donc plus d'espoir.

La vengeance me consolerait peut-être. Mais comment être vengé de la femme que l'on aime ? Il faudrait qu'elle fût punie de son indifférence en éprouvant à son tour un amour qui ne serait pas partagé.

Mais qui pourrait être insensible à votre amour ? Des gens peut-être semblables à l'hirondelle, qui mange, boit et nourrit ses petits, en volant : ils font l'amour à la volée, et sont de la nature du HÉRISSON.

Le hérisson se met à couvert sous ses épines et nul ne peut le toucher sans subir sa piqûre. Lui, se roulant sur les raisins et sur les pommes, les saisit et en fait sa proie. Il prend tout et personne ne peut le prendre.

Ce sont des gens tout pareils à ce hérisson qui pourraient bien me venger ! Toutefois, cette vengeance ne me satisferait guère : j'aimerais mieux mourir que de vous en voir aimer un autre que moi. Serais-je mieux vengé si vous n'aimiez ni moi, ni personne ? Non. Ce qui me conviendrait le mieux, ce serait de vous voir repentir de vos rigueurs.

Il est un serpent sauvage que l'on appelle vulgairement CAUCATRIX OU CROCODILLE. Quand il trouve un homme, il le dévore. et quand il l'a dévoré, il le pleure tous les jours de sa vie.

Ainsi voudrais-je qu'il en fût de vous, belle très-douce aimée. Encore ne me fierais-je guère à votre repentir.

Lorsque vous m'avez trouvé sur votre route, vous m'avez dévoré et occis de la mort d'amour ; mais quand bien même vous me pleureriez de toutes les larmes de vos yeux, je ne serais pas plus rassuré. C'est peu de chose que le repentir d'une femme qui abandonne un loyal amant pour en écouter un autre, moins tendre et moins fidèle !

Le crocodille a un ennemi mortel., l'HYDRE, qui, le voyant désespéré après qu'il a dévoré un homme et se jetant sans discernement sur toute espèce de nourriture, se roule dans la boue et se place sur sa route. Le crocodille la saisit et l'engloutit tout entière dans son ventre. L'hydre n'y est pas plutôt qu'elle lui déchire les entrailles et sort toute triomphante du corps de son ennemi mort ! Que de gens ressemblent à l'hydre ! Que de gens ont autant de cœurs à donner que cet hydre compte de têtes !

Si vous aimiez plus que moi un personnage de cette espèce, je voudrais bien qu'il vous arrivât la même chose qu'à la SINGESSE !

La singesse met au monde deux petits à la fois, et, quoiqu'elle les aime tous deux en sa qualité de mère, il en est un néanmoins qu'elle préfère tellement qu'on peut bien dire qu'elle chérit l'un et déteste l'autre. Poursuivie par les chasseurs, elle jette sur son dos celui qu'elle aime le moins et saisit l'autre entre ses bras ; elle fuit en courant sur deux pieds ; mais si on la serre de près, elle est obligée de courir à quatre pieds. Qu'arrive-t-il alors ? elle laisse celui qu'elle aime le mieux et garde sur ses épaules celui qu'elle aime le moins.

Je dis, belle très-douce aimée, que s'il vous arrivait d'aimer mieux que moi un de ces amants ayant de la nature de la wivre, de l'hydre, du hérisson et de l'hirondelle, il vous arriverait la même chose qu'à la singesse : vous auriez beau aimer ce prétendant mieux que moi, je me tiendrais si étroitement attaché à vous, que c'est lui que vous perdriez, tandis que c'est moi que vous conserveriez.

Je vous poursuis avec autant d'ardeur qu'en met la SERRE, quand elle suit un vaisseau en mer. La serre est un oiseau merveilleusement grand et fort, qui vole plus rapidement que les grues elles-mêmes, dont les aîles sont tranchantes comme des rasoirs. Il vole, vole, à la suite de la nef; mais quand il se voit dépassé par elle, quand il craint de ne pouvoir l'atteindre, il se laisse tomber au fond de la mer. Ainsi ferait cet amant qui semble vous être si fortement attaché. Il se découragerait bien vite, en trouvant votre volonté contraire à la sienne.

Pour moi qui tiens bien plus à vous, quoique vous paraissiez si peu tenir à moi, si j'avais le malheur de perdre ce que je n'ai jamais reçu de vous, je ne changerais pas plus que ne fait la TOURTERELLE, qui, ayant perdu son mâle, sera inconsolable et ne demeurera plus désormais sur arbre qui porte feuille. En vain un autre voudrait-elle m'attirer, elle ne pourrait me détourner de vous.

Quand la PERDRIX a pondu ses œufs, il survient une autre perdrix qui les lui enlève et les couve. Les petits perdreaux la suivent pendant

quelque temps ; mais dès qu'ils entendent la voix
de leur véritable mère, ils la reconnaissent et
courent à elle, abandonnant la fausse mère qui
les a nourris.

L'AUTRUCHE abandonne l'œuf qu'elle a pondu
et ne s'en inquiète plus. Cet œuf demeurerait
sans vie, si le soleil par sa chaleur ne l'échauf-
fait et ne le nourrissait sur le sable. Je suis sem-
blable à l'œuf que la mère refuse de couver, et
ma mort est certaine, si un sourire de vous ne
vient pas, comme la bienfaisante chaleur du
soleil, m'apporter un peu de reconfort. Si vous
vouliez, ainsi qu'une tendre mère, réchauffer
sous votre aîle et nourrir mon amour, je vous
serais aussi reconnaissant que le sont, à l'égard
de leurs mères, les petits de la CIGOGNE et de la
HUPPE.

Autant de temps que met la cigogne à couver
ses petits, autant de temps les petits, devenus
grands, en mettent à nourrir leur mère. Les pe-
tits de la huppe ne sont pas moins tendres :
comme la mère ne pourrait muer naturellement,
ils ont soin de lui arracher les vieilles plumes,
puis la couvent et la nourrissent jusqu'à ce
que les nouvelles soient venues.

Il me semble que je serais pour vous aussi
bon fils que le sont les petits de la huppe et de
la cigogne. Mais comment goûter la joie d'amour

si vous ne brisez pas cet orgueil, qui, avec l'amour, ne s'accorde guère ?

Quand le bec de l'AIGLE est devenu si long qu'il ne peut manger, il le brise contre la pierre la plus dure qu'il puisse trouver. Le bec de l'aigle, c'est l'orgueil. Mais il y a des femmes qui ne brisent cet orgueil et n'ouvrent la forteresse de leur cœur, que pour y laisser entrer un autre. Je dis que c'est là briser son bec au rebours, et ressembler au CROCODILLE qui, pour manger, meut sa mâchoire supérieure et non celle de dessous, comme le font les autres animaux. Ces amants préférés font bientôt comme le DRAGON, qui ne tue pas son ennemi, mais le mange en le léchant avec sa langue.

Le dragon est un animal que redoute l'ÉLÉPHANT. Aussi, lorsque la femelle est sur le point de mettre bas, elle descend au milieu de l'Euphrate, et tandis que le mâle veille sur le rivage, elle devient mère. Sans cette précaution, le dragon pourrait arriver jusqu'aux petits, les lécher et les tuer de son venin. L'eau dans laquelle se place l'éléphante signifie la prévoyance; c'est une sorte de miroir. L'eau, en effet, sert de miroir à la COLOMBE, qui voit s'y refléter l'ombre de l'autour et peut alors se soustraire par la fuite à sa serre cruelle.

C'est une bonne chose que la prévoyance !

C'est par elle qu'une femme échappe à ces faux et déloyaux amis qui lui adressent de belles paroles. Tel assure qu'il est loyal ami, qui n'est qu'un mauvais traître. Celui qui me ferait les plus belles assurances, est celui-là même que je croirais le moins ! Maintes gens ont péri pour avoir eu confiance en eux.

Quand la BALEINE se tient à la surface de l'eau , les nautoniers la prennent pour une île, parce que son dos ressemble au sablon de la mer. Ils y débarquent donc et s'y établissent pendant huit ou quinze jours. Ils y font même cuire leur viande. Mais, dès que la baleine sent le feu, elle se plonge elle et eux au fond de la mer.

Il ne faut pas se fier aux apparences : tel dit qu'il se meurt d'amour, qui ne sent ni mal, ni douleur, et trompe les bonnes gens, comme le RENARD trompe les pies.

Il se roule dans une terre rouge et s'étend, la langue hors de la gueule, au milieu du chemin, comme s'il était mort et sanglant. Alors viennent les pauvres AJASSES, qui, le tenant pour mort, volent autour de lui et veulent lui manger la langue. Mais il les saisit par la tête avec ses dents et les dévore. Ainsi font certains amoureux qui ne rêvent que tricherie. Mais, par aventure, en direz-vous autant de moi-même ? A cela je vous répondrai que l'on suit l'armée de plusieurs manières : les uns y vont pour aider leur seigneur ; les autres, parce que ne sachant où aller, ils vont tout simplement voir le siége.

Le VAUTOUR suit aussi les armées, parce que, ne vivant que de cadavres, il prévoit bien qu'il y aura bientôt hommes ou chevaux occis.

Ce vautour signifie ceux qui suivent les dames ou les damoiselles pour en faire leur profit ; et ceux qui marchent sur leurs pas, parce qu'ils ne savent où aller, sont ceux qui n'aiment personne. Ils ne peuvent voir une femme sans lui parler d'amour ; ils ne parlent d'amour que pour prier, et ils ne prient que pour tromper. Ceux qui, au contraire, vont à l'armée pour servir leur seigneur signifient les loyaux amis.

Pour moi, certes, je ne vous suis pas à la manière du vautour. Mes paroles ne peuvent vous dire pourquoi je vous suis. Si cependant vous aviez voulu me retenir, je vous aurais dit que je n'avais d'autre but que de vous servir : et puisque nulle raison ne peut vous toucher, je n'ai plus qu'à implorer votre merci.

Ainsi finit le *Bestiaire* de maître Richard. Voici maintenant la réponse de la dame :

Un homme discret et sensé ne peut faire qu'une œuvre profitable aux ignorants. Ainsi, beau sire et maître, moi qui suis femme, j'ai volontiers ouï, appris et retenu ce que vous me faites savoir, dans le dernier écrit que vous appelez votre *arrière-ban*. J'invoque donc le dieu souverain d'amour, pour qu'il m'aide à vous répondre. Château de femme est pauvrement pourvu ; aussi m'est-il besoin de faire bonne garde. Si Dieu a donné à l'homme un plus ferme pouvoir, il n'a pas refusé à la femme l'intelligence nécessaire pour qu'elle puisse se mettre en défense. En avant donc, perrières et mangonneaux, arcs à tour et arcs balestres, pour protéger le pauvre châtel que vous avez assailli !

Il est vrai de dire que le fort court sus au faible, dans la persuasion que celui-ci ne pourra se défendre. Mais je vous fais savoir que je suis faite et engendrée d'une matière aussi bonne que la vôtre, sire maître, qui sus me courez.

Quand Dieu eut créé l'homme, il lui donna une femme, tirée comme lui de la terre ; mais Adam tua cette première femme, et quand Notre

Sire lui en demanda la raison, il répondit : « Elle « ne m'était rien, je ne pouvais l'aimer. » Alors Dieu l'endormit, prit une de ses côtes et en forma la plus belle créature qui onques fut, et qui jamais sera. Ce fut madame Ève qu'Adam aima d'une telle amour, que, pour elle, il se rendit coupable de la désobéissance dont nous souffrons tous.

L'homme a donc été formé de je ne sais quelle matière, mais la femme a été tirée de l'homme même ; or, comme Dieu ne fait rien en vain, il convient qu'une chose qui provient d'une autre lui soit obéissante. Je suis femme, je dois donc vous obéir, c'est-à-dire mettre en œuvre tout ce qui me semblera bon pour me défendre contre cet arrière-ban fait pour me soumettre à votre volonté.

Vous m'avez dit que la MÉMOIRE a deux portes qui sont VOIR et OUÏR, et que c'est par ces deux portes qu'entrent les trésors qu'elle amasse et conserve. Je le crois ; aussi ai-je besoin de bien voir et de bien connaître, pour que rien de fâcheux ne pénètre en la mienne. Je comprends, selon la nature du COQ, que vous m'avez dit des paroles auxquelles je dois répondre ; et de même que l'ANE SAUVAGE ne brait et ne crie que lorsqu'il est pressé par la faim, de même je n'ai jamais senti plus vivement le besoin de vous répondre. Le LOUP fuit devant l'homme si celui-ci l'aperçoit le premier. Puisque je dois répondre à vos paroles, je puis bien dire que c'est vous qui m'avez aperçue le premier. C'est donc à moi d'avoir peur et de fuir devant le loup.

L'exemple du GRILLON qui se plaît tant à chanter qu'il en meurt ; celui du CYGNE qui ne chante jamais plus mélodieusement qu'en l'année où il mourra, m'engagent à ne pas prêter l'oreille à vos dangereuses paroles ; et, comme le CHIEN qui garde ses provisions pour la faim à venir, je ferai bonne provision de sagesse et d'honneur, pour m'en aider, quand j'en verrai le besoin.

Le loup, dites-vous, a le corps si roide qu'il ne peut le fléchir, et qu'il se tourne tout d'une pièce. Il en est ainsi de nous. Si nous accordons un peu, il faudra accorder tout le reste. La femme, dites-vous aussi, ne peut se donner que tout entière. Eh bien ! oui, elle doit se donner tout entière à parfaite loyauté, à honnêteté et à courtoisie.

Je serais donc folle, beau sire maître, si je vous octroyais ce que vous demandez, après m'avoir si bien fait connaître la nature de la WIVRE, qui fuit devant l'homme nu et court sus à l'homme vêtu. Pensez-vous que je doive vous courir sus, parce que vous vous dites vêtu de mon amour ? Mais je puis vous assurer que je ne vous ai jamais vêtu de cet amour, et que vous en êtes encore tout à fait nu. Ne vous étonnez donc pas si j'ai peur de vous, et si je fuis comme la wivre.

Le SINGE contrefait ce qu'il voit faire : il se chausse et il est pris. Mon Dieu ! je serais bien insensée, si, instruite par son exemple, je m'approchais du chasseur.

Vous avez tendu vos lacs pour me prendre, beau sire maître ; mais je ferai comme le CORBEAU, qui néglige ses petits tant qu'ils ne sont pas comme lui vêtus de plumes noires. Nous sommes trop différents d'habit et de volonté pour que nous puissions nous accorder ensemble. Votre comparaison de ce même corbeau à l'amour, tirée de ce que le corbeau prend de l'homme les yeux et la cervelle, n'est pas juste. On doit plutôt le comparer à la haine ; car il détruit ce à quoi l'homme et la femme doivent le plus tenir, la vue et l'entendement.

Le LION me donne aussi une leçon dont je profiterai. Quand il mange sa proie, dites-vous. si un homme le regarde en passant près de lui. il lui court sus et le dévore. Je me garderai donc de regarder qui peut me dévorer ; à regarder tel *lion*, je vois qu'il y a peu de profit.

Le LION fait revivre et façonne avec la langue son petit lionceau qui était venu mort au monde. Une femme qui serait sage ferait de même ; s'il

lui échappait quelque parole mauvaise, elle la
reprendait et lui donnerait un meilleur sens. Si
donc il m'arrivait de dire une chose que je n'eusse
ni bien connue, ni bien pensée, par la sainte
croix! beau sire maître, je tâcherais de la mettre à
sens et à raison, au moyen des bonnes doctrines
que je pourrai trouver en votre enseignement.

Et, certes, je me souviendrai bien de cette
BELETTE, qui conçoit par l'oreille et enfante par
la bouche. Ah Dieu ! comme les gens devraient y
prendre garde ! Combien y en a-t-il qui, après
avoir conçu ce qu'ils ont entendu, le répandent
au dehors et causent ainsi les plus grands maux !
Pour moi, j'ai tellement peur, que je suis dans
le plus grand embarras, quand il faut que j'ex-
prime par la parole ce que j'ai conçu par l'oreille.
Cet enfantement pourrait porter le poison et la
mort. On dit bien que la belette, après avoir
occis ses petits, les peut ressusciter ; mais cer-
tainement je n'aurais pas un tel pouvoir.

Lors même que je serais aussi savante que la
CALADRE, qui, portée devant un malade, sait s'il
doit guérir ou perdre la vie, je ne serais jamais
assez sûre de ce que je dois dire. Ah ! vrai Dieu !
gardez-moi donc de concevoir ce qu'il me serait
périlleux d'enfanter !

Certes, je m'en garderai, à moins que je ne
sois aussi folle que celui qui s'endort au chant

de la sirène. Je pourrais, sire maître, me fier si bien à vos belles paroles que je fusse en danger de périr. Je ferai donc comme l'ASPIC qui se bouche les oreilles, et je ne me laisserai pas prendre au miroir comme la TIGRESSE; car je sais bien que vous vous inquiéteriez peu de ce que j'y perdrais, pourvu que votre volonté fût faite.

J'aurais bien besoin alors de la vraie PANTHÈRE, qui guérit de sa douce haleine les animaux blessés et malades qui s'attachent à ses pas.

Rien ne blesse plus dangereusement que les douces paroles; si aucune armure ne.peut résister à l'UNICORNE, il n'est rien qui puisse plus facilement percer le cœur le plus dur qu'une douce parole bien assise!

Et pour ce, beau sire maître, j'ai besoin d'être sur mes gardes comme la GRUE, qui, pour ne pas succomber au sommeil, met dans un de ses pieds de petites pierres. Certes, on doit admirer ces animaux qui savent prévoir ce qui peut leur nuire. Doux Dieu! comme on doit priser l'homme et la femme qui se mettent en garde contre le danger à venir, à l'aide de cette prévoyance dont vous m'avez montré un symbole dans la queue du PAON!

Car il me semble que dessus et dessous, en côté et entravers, doit regarder quiconque se veut bien défendre!

Le LION, pour n'être pas découvert, efface avec sa queue la trace de ses pas.

Que de sens dans cette noble bête ! Ah ! s'il arrivait par aventure que je fusse entraînée par la force des paroles à faire ou à dire une chose déraisonnable, on devrait me considérer comme sage, si, à l'exemple du lion qui couvre ce qui peut lui nuire, j'essayais de réparer le mal, avant qu'il ne fût accompli !

Car trop tard se repent celui qui attend, pour se repentir, que le mal soit irréparable. Eût-il autant d'yeux qu'en contient la queue du paon, et vît-il aussi clair avec chacun de ces yeux qu'avec cent, il serait perdu, si la prudence lui faisait défaut.

Les cent yeux d'ARGUS ne l'ont pas sauvé.

L'HIRONDELLE rend la vue à ses petits après qu'on leur a crevé les yeux. Mais il ne suffit pas de voir, il faut encore autre chose; et cette chose quelle est-elle, sinon la curiosité qui nous pousse à rechercher tous les moyens de conserver notre vie, c'est-à-dire notre honneur ?

Qui perd son honneur, est bien mort ; et quand on est mort, c'est sans retour ; car personne ne ressuscite ainsi que les petits de la BELETTE ou les poussins du PÉLICAN, dont vous m'avez fait mention.

Vous m'avez encore parlé d'un oiseau bien

sensé et bien habile, c'est le PIC qui fait son nid
dans le creux d'un arbre et qui, au moyen d'une
herbe de lui connue, fait sauter hors du trou la
cheville que quelque musard y aura enfoncée
pour lui jouer un mauvais tour.

Que je voudrais avoir une herbe semblable, si
j'avais à me défendre des poursuites de certains
musards, imitateurs de l'hirondelle, qui fait tout
ce qu'elle fait en volant ! Quand ils s'abattent
quelque part, ils ne s'y attachent pas et on ne
peut tirer d'eux aucune parole vraie et sérieuse.
J'ai connu de telles gens, sire maître. Ils prennent
les autres et ne peuvent être pris; mais le HÉ-
RISSON a beau s'enfermer dans ses épines, il
finit par être pris par ruse et par adresse.

Les gens de cette espèce ont de douces paroles,
quand on leur fait accueil; mais aussitôt qu'ils
tiennent leur proie, ils changent de ton, comme
les CHATS, qui font souvent beau visage et sont
doux et caressants. Mais pressez-leur la queue
et vous sentirez leurs ongles qui vous déchire-
ront les mains, si vous ne les laissez aller. Il
faut se mettre en garde contre de pareils person-
nages.

Le COCATRIX pleure sur l'homme qu'il a surpris
et dévoré; mais à quoi servent ses pleurs et quel
profit en retire la victime ? Si après avoir cédé
à la volonté de quelqu'un, je me trouvais dé-

3

laissée et déçue, à quoi me servirait son repentir ?
Je n'en aurais pas moins perdu mon honneur ;
et tel, qui aujourd'hui me tient en grande révé-
rence, se rirait de moi tout le premier. Le cœur
me partirait et je mourrais plus cruellement que
le COCATRIX, dont l'HYDRE déchire les entrailles.
Ah ! beau doux Dieu ! gardez-moi de ce coca-
trix ! J'ai bien sujet d'en avoir peur ! Je ne suis
pas de la nature de cette HYDRE, qui a plusieurs
têtes : Qu'on lui en coupe une, il en renaîtra
deux. Mais, pour moi, si l'on m'enlevait l'hon-
neur, jamais on ne pourrait me le rendre. J'au-
rais le sort de la SERRE qui, après avoir long-
temps employé toutes ses forces pour suivre un
navire, finit par se décourager. Après avoir long-
temps essayé de cacher ma faute et de lutter
contre la vérité, je me verrais forcée de mettre
bas mes fausses aîles, et devant la malice du
monde que l'on ne peut tromper, je serais tout
aussi abaudie que la serre, qui, de dépit, se
plonge jusqu'au fond de la mer.

Hélas ! que deviendrais-je ? J'aurais beau gémir
comme la TOURTERELLE qui a perdu son mâle,
j'entendrais répéter autour de moi : « Voyez
« cette pauvre folle ! Elle se vendrait encore, si
« elle trouvait un acheteur ! »

Aïe ! Dieu m'aïe ! Par la sainte croix ! Il n'en
sera pas ainsi, et je serai plus sage et plus vigi-

lante que la PERDRIX, dont vous m'avez parlé.
Si on lui enlève ses œufs, c'est parce qu'elle ne
prend pas la peine de les couver. Aussi je met-
trai tous mes soins à réprimer certaines volontés
et certaines contenances mauvaises, afin de con-
server mes œufs, c'est-à-dire les bonnes paroles
et les bonnes raisons que vous m'avez fait en-
tendre, en m'expliquant la nature des bêtes, et
qui m'apprennent à garder ce que je dois garder.

L'AUTRUCHE, qui néglige l'œuf quelle a pondu,
fait grande vilenie, et le soleil qui le réchauffe
et le fait éclore est bien courtois ! Ah ! maître !
si je me fiais à vous, comme l'autruche au so-
leil, comme j'aurais lieu de craindre pour moi,
malgré vos belles assurances de sincérité !

Peut-être ne suis-je ni bien apprise, ni bien
courtoise en vous parlant ainsi. La réserve en
paroles est toujours nécessaire. Je ne voudrais
donc pas m'engager, comme vous le voulez, à
vous traiter comme les petits de la huppe et de
la cigogne traitent leur mère.

Vous avez comparé l'orgueil au bec de l'AIGLE ;
et vous voulez que je brise cet orgueil, comme
l'aigle brise contre la pierre son bec devenu trop
long. Je dis que cet orgueil n'est que la modes-
tie. Et quand je vois quelqu'un disposé à re-
chercher ma compagnie, pour en tirer parti
contre moi, et que la raison m'apprend que

l'honneur pourrait bien en souffrir, je trouve qu'il est bon de mettre en avant un roc (1) de cruauté, que l'on appelle orgueil.

Vous m'avez prouvé que cet orgueil est nécessaire; en me parlant du CROCODILLE, qui mange à rebours, parce qu'il meut sa mâchoire supérieure, tandis que la mâchoire inférieure est immobile. Je veux bien qu'une amie dise à son amant : « Il me plaît que tout l'honneur et tout « le bien que vous pouvez faire soient en mon « nom; » et l'amant à son amie : « Je suis en « tout, sans réserve, soumis à votre volonté. » Mais venir dire : « Douce amie, je souffre, je « meurs d'amour pour vous; si vous ne me se- « courez, je suis trahi et je me tuerai ! » Voilà ce que j'appelle parler à rebours : je ne me fierais point à un tel amant. J'aimerais mieux celui qui, semblable au singe chaussé, perd tout son pouvoir, que le beau parleur qui, en jouant de la langue, comme le dragon, trompe et abuse les pauvres folles qui l'écoutent.

Ah ! vrai Dieu ! que la malice du siècle est grande et qu'il est nécessaire de se garder de ce dragon ! Je voudrais bien que toutes les femmes fussent à son égard aussi prudentes et aussi prévoyantes que la femelle de l'ÉLÉPHANT ! Mais il y

_____

(1) Terme du jeu d'échecs.

en a bien peu. La plupart, au contraire, croient tout ce qu'on leur dit et ne disent mot de ce qu'elles voient.

La COLOMBE qui, apercevant dans l'eau l'image de l'autour, échappe au danger, nous donne aussi une utile leçon. C'est une chose merveilleuse que cette eau qui nous donne un tel avis, et cette colombe qui nous enseigne à nous tenir aussi près de l'eau que la femelle de l'éléphant, pour échapper aux attaques de ce diable de dragon.

Ah! maître! combien avons-nous autour de nous de dragons de cette espèce! et qu'ils sont plus dangereux que celui que redoute la femelle de l'éléphant! Malheur à la femme qui en rencontre un sur son chemin! Il ne se contentera pas de la tromper, il se vantera de sa conquête. Fera-t-il plus? oui. Car celle qu'il aura déçue ne voudra pas être la seule. Dans son désespoir elle viendra à une autre pour l'engager à faillir comme elle; celle-ci, à une troisième; la troisième, à une quatrième; la quatrième à une cinquième, et ainsi de suite! C'est ce que font les oiseleurs; ils se servent des oiseaux qu'ils ont pris pour en attirer d'autres, entraînés à leur perte par ceux-là mêmes qui avaient été pris avant eux.

On ne doit pas moins craindre ces oiseaux de proie, je veux dire ces clercs, qui se parent si

bien de courtoisie et de belles paroles , qu'il
n'est ni dame, ni demoiselle qui puissent tenir
devant eux et qu'ils ne veuillent surprendre.
Celles qui se fient sur l'apparence à ces beaux
clercs , sont trompées comme les marins qui se
fient à la BALEINE. En les voyant simples dans
leurs manières , elles croient qu'elles peuvent
sans danger écouter leurs paroles ; elles s'y
complaisent trop , pour le malheur des uns et
des autres. Les clercs y perdent de bonnes pré-
bendes , car ils pourraient devenir chanoines et
évêques ; et la demoiselle trouverait , si elle était
sage , un chevalier gentilhomme qui lui ferait
honneur.

Maintenant , beau sire, ne m'approuverez-vous
pas si j'ai peu de confiance en ce FAUCON qui
s'abat sur sa proie et donne le coup mortel à
quiconque n'est pas sur ses gardes ?

Le RENARD, pressé par la faim , fait le mort
pour attraper les pies. Ah ! renard , renard !
comme ce n'est pas aussi sans raison que vous
avez mis hors votre langue ! Vous aviez faim
aussi , et vous comptiez bien, que je me laisse-
rais prendre par vos belles paroles ; mais c'est une
grande malice que de feindre la maladie et la
mort , quand on n'en laisse voir ni les douleurs,
ni les frissons. Et lors même que les frissons
y seraient , il ne faudrait pas encore y croire !

Car, sire maître, vous me semblez avoir la nature des VAUTOURS qui suivent les armées, dans l'espérance d'y trouver leur profit. Vous avez affaire à tant de gens, et tant de gens ont affaire à vous, que l'on vous aura sans doute parlé de moi ; on vous aura dit que j'aime à entendre bien dire et que je vois volontiers ceux qui sont habiles.

Pour cette raison sans doute vous êtes venu d'abord pour savoir qui j'étais, et si vous pourriez trouver en moi quelque chose qui vous dût plaire. Vous m'avez donc fait savoir tout ce que j'ai entendu de vous, et je pense que toutes vos paroles n'ont eu pour but que de m'engager à me garder de mal.

Et comme vous m'avez appris que l'on ne sait jamais ni qui est bon, ni qui est mauvais, il convient que l'on se garde de tous les hommes. Je n'accorderai donc pas la merci qu'on me demande.

Donc il m'est avis, que quand on ne veut pas faire une chose, on doit exprimer nettement son refus.

Cela suffise à bon entendant.

Je ne veux pas surfaire le bel esprit du XIIIe siècle, dont l'œuvre sera facilement appréciée par le résumé que j'en viens de donner. On y remarquera cependant une certaine habileté dans le plan, un art incontestable dans la disposition et l'enchaînement des faits nombreux et variés qui servent de textes aux tendres sollicitations du maître et aux ingénieuses réponses de l'élève. Nous ne savons si l'ouvrage entier est un simple jeu, dans lequel l'auteur aura, comme on aimait à le faire de son temps, soutenu tour à tour deux thèses contradictoires; ou si la première partie doit être seule attribuée à maître Richard. Professeur, à la façon du philosophe Abailard, il aurait rencontré, dans ce cas, une Héloïse tout aussi savante, mais beaucoup moins facile à convaincre. La réponse au Bestiaire est, pour le style, supérieure au Bestiaire lui-même, et il y règne une animation et une verve railleuse qui sembleraient indiquer l'œuvre d'une femme, prenant au sérieux la requête qui lui est adressée, et bien décidée à dire non.

Les particularités de la vie de Richard de Fournival sont peu connues. On sait qu'il était fils de Roger de Fournival, médecin de Philippe-Auguste; que sa mère se nommait Elisabeth de la Pierre ; que son frère , messire Arnoul , fut chanoine , puis évêque d'Amiens , après la mort de Richard de Gerberoy (1236-1246) ; qu'il était clerc, et qu'il mourut, vers 1260, chancelier de l'église d'Amiens. Fournival ou Furnival, est une petite ville du département de l'Oise. L'auteur du Bestiaire d'amour est donc Picard, comme le font voir d'ailleurs les formes dialectales qu'il emploie. L'abbé de La Rue l'a compté, selon son habitude , au nombre de ses poëtes normands. Il a trouvé son nom dans l'obituaire de la métropole de Rouen. Il y a vu qu'un Richard de Fournival avait donné au Chapitre de cette église des rentes assises sur des biens immeubles situés dans cette même ville, et qu'on célébrait pour lui un service solennel le premier jour de mars. Cela lui a suffi pour l'autoriser à grossir sa liste normande d'un nom de plus.

Richard de Fournival est auteur de chansons, de pastourelles et de deux écrits en prose, dont l'un a pour titre *Li Consaus d'amors*, et l'autre *la Puissanche d'amors*.

Li Consaus d'amors contient quelques détails relatifs à l'hirondelle , au renard et à la belette , qui ont autorisé les historiens à attribuer cette œuvre assez médiocre à Richard de Fournival. Il appuie ses conseils de l'autorité de Cicéron , de Virgile, d'Horace, d'Ovide et d'un assez grand nombre d'écrivains de l'antiquité. Le Dialogue intitulé *la Puissance d'amour*, est encore moins remarquable (1). Quelques citations faites par M. Paulin Paris, parmi les sept chansons analysées par ce savant (2), attestent dans l'auteur du *Bestiaire d'amour*, une certaine facilité à rimer, devenue assez commune de son temps. On lui a attribué à tort un roman historique intitulé *Abladane*, relatif aux antiquités fabuleuses de la ville d'Amiens, et conservé dans la bibliothèque de cette ville. Il avait aussi composé en latin, sous le titre *Biblionomia*, un catalogue de sa bibliothèque, ouvrage curieux et pour la liste des livres dont il donne les titres, et pour la classification qu'il a adoptée. Le manuscrit est à la bibliothèque de la Sorbonne; il sera probablement publié. Les manuscrits du Bestiaire d'amour sont nombreux et attestent la célébrité dont a joui cet ouvrage (3).

Richard lui-même paraît l'avoir considéré comme son œuvre principale. Il avait entrepris de le traduire en vers; mais il s'est arrêté au 364e. Voici les premiers vers de cette traduction :

---

(1) On trouve ces deux petits traités dans le Ms. La Vallière, n° 81.

(2) Bibliothèque de l'école des chartes, t. 2, 1re série, p. 40 et suiv.

(3) Bibl. imp. Anciens fonds, n° 7534 ; N. D, 274 *bis*; Suppl. franç. 319, 540 et 766 ; la Vall., n°s 59 et 81 ; Lancelot, 7019.

Mestre Richars a, pour miex plaire,
Mis en rime le Bestiaire.
Si praign'on le quel on vourrra
Et qui bien à oir miex plaira (1).

Parmi les divers manuscrits que nous avons consultés, nous avons préféré le n° 7019, fonds Lancelot, qui contient les miniatures que nous avons dessinées et fait graver pour notre édition. C'est un petit in-folio écrit sur deux colonnes et qui contient, outre *le Bestiaire d'amour*, une traduction des *Actes des Apôtres* et les *Martyres* de plusieurs saints. Il a été écrit en 1285, ainsi que l'attestent les vers qui se trouvent au dernier feuillet :

Icis livres ici finist :
Bone aventure ait qui l'escrist ;
Henris ot non l'enlumineur :
Dex le gardie de deshonneur !

Si fu fait l an MCCIIII^{xx} et V (2).

C. HIPPEAU.

Caen, 1er Septembre 1859.

(1) M^{t}. 274 *bis*, fonds N. D.

(2) Richard de Fournival a attiré l'attention de Fauchet (liv. II, chap. 39), de Lacroix du Maine (p. 377) ; de Legrand d'Aussy (*Notices des Manuscrits*, t. V, p. 275) ; de Van Praët (*Catalogue de La Vallière*, t. XI) ; de Daunou (t. XVI de l'*Histoire littéraire de la France*, p. 220). — La notice la plus étendue que l'on puisse consulter, est celle que lui a consacrée M. Paulin-Paris, dans son utile ouvrage sur les M^{ss} de la *Bibliothèque du Roi*, t. V.

LI BESTIAIRES

MESTRE RICHARD

CI COMMENCE LI BESTIAIRES

MESTRE RICHARD.

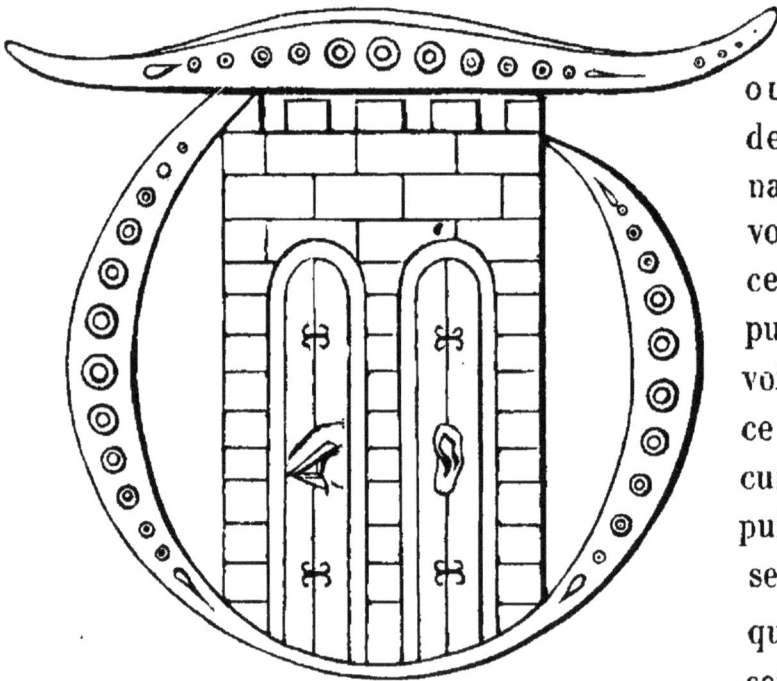

———

OUTES gens desirrent par nature à savoir. Et par ce que nus ne puet tot savoir, jà soit ce que chascune chose puist estre seue, et ce que li uns ne seit qe li autres le sace, si que tout est seu, en tel manière qu'il n'est seu de nului à par lui, mais de tous ensamble. Mais il est ainsi que totes gens ne vivent mie ensemble, ains sont, li un mort ainçois que li autre naissent ; Et cil qui ont esté

chà en arriere ont seu tel chose que nus qui soit orendrait
ne le conquerroit de son sens, ne ne seroit seu, s'on ne
le savait par les anciens.

Et par çou, Dex qi tant aime home q'il le vint por-
veoir de quanque mestiers li est, a donné à home une
maniere de force qui a non MEMOIRE. Ceste memoire si a
2 portes, *veoir* et *oïr*, et à chascune de ces 2 portes si a
1 chemin par où on i puet aler : PAINTURE et PAROLE. Pain-
ture siert à oel et parole à oreille ; et coment on puet re-
pairier à la meson memoire et par peinture et par parole,
s'est aparant par çou qe memorie, qui est la garde des tre-
sors qi sens done et conquiert par force d'engien, fait ce
quiest trespassé aussi come present. Et parce meisme i
vient-on ou par painture ou par parole.

Car quant on voit une estoire ou de Troie ou autre, on
voit les fès des preudomes qi çà en arriere furent, aussi com
s'ils fussent present ; et ainsi est-il de parole : car quant
on oi 1 roumans lire, on entent les aventures aussi com
s'eles fussent empresent. Et puis c'on fait present de ce
qi est trespassé, par ces 2 choses puet-on à mémoire venir.

Et jou, de cui memoire vous ne poés issir, bele tres
douce amée, que la trace de l'amor que j'ai en vous empire
adiès, si que jou n'en porroie estre si garris, que du mains
n'i parust la sorsaneure de la plaie, com bel qe me seusce
contenir, vouroie adiès manoir en la vostre memoire, s'il
pooit estre, et por ce ai-je mises ces deux choses en une.
Car je vous envoie cest escrit par painture et par parole,
pour çou, que qant je ne serai presens, que cis escris par
sa painture et par sa parole me rendie à vostre memoire
come present.

Et je vous mosterrai coment cis escris a et painture et

parole. Car il est bien apiert qu'il a parole pour ce qe tote escriture si est fète por parole mostrer et por ce c'on le lise. Et qant on le list, si revient-ele à la nature de parole. Et d'autre part, q'il ait painture s'est en apiert pour ce que li lettre n'est mie son, ne le paint.

Et meesmement cis escriz est de teile sentence que painture desire ; car il est de nature de *bestes* et *d'oiseaus,* qui mius sont conoissables paintes que dites. Et cis escris est aussi come *arrière bans* de tos ceus que je vos ai envoiés dusqu'à ore.

Car aussi come uns rois, qant il va guerroier hors de son roiaume et il enmaine de ses meillors homes une partie, et s'en lait la grignor partie à sa terre garder ; mès qant il voit qu'il ne se puet joir à tant de gent come il en maine, si parmande toz ceaus qu'il i a lessiez, et fet son arriere ban : aussi me covient-il faire. Car se je vous ai meint bel mot dit et envoiet et s'il ne m'ont mie tant valut com mestiers me fust, il me convient en cestui daerrain escrit faire mon arriere ban et dire del mius qe je sai, savoir se vos le prenderiés en gré. Car jà mar m'amissiès-vos jà, si sont choses là où iols se doit molt deliter à veoir et oreille à escouter et memoire à ramembrer. Et por çou qe cis escris est mes arriere bans, et aussi come mes daerrains secours que je vos puisse mander , si me covient que je paroille plus efforciement qe je n'aie fet à totes les autres fois : aussi com on conte de la nature del coc.

LI COCS.

Car de tant com il chante plus près de la jornée, de tant chante-il plus sovent ; et de tant com il chante plus

près de la mie-nuit, si chante-il plus efforciement et plus
en groisse sa voiz. La vesprée et la jornée qui a nature
de jor et de nuit est mellé ensemble. Si senefie l'amor
dont on n'a del tout desesperance, ne del tout esperance ;
et la mie-nuit si senefie l'amor del tout desesperée.

Et puis que je n'ai nule esperance del monde desore-
mais, de vostre bone volonté avoir, si est aussi com mie-
nuit. Et quant je n'ai aucune esperance, si sui aussi come
à vesprée. Si chante adonques plus efforciement. Et or le
me covient faire plus forment.

Et li raissons de ce qe li desesperés a plus forte voiz,
si est prisse, je cuic, en la nature de la beste qui soit el
monde qui plus s'esforce de braire et qui plus a laide
voiz et orrible ; et c'est LI ASNES SALVAGES.

LI ASNES SALVAGES.

CAR sa nature si est tele qu'il ne recane onques fors qe
qant il a erragiement faim. Et il ne peut en nule ma-
niere trover que mengier. Mais adont met-il si grant paine
a recaner, qu'il se derront touz. Por çou me covient-il.
quant je ne puis trover merci, metre greignor paine que

onques mès , ne mie à forment chanter mès à forment et

ataignanment dire : car le chanter doi-je bien avoir perdu.
Si vous dirai par raisson.

LI LEUS.

L A nature DEL LEU si est tele qe qant uns hom le voit
avant qe il voie l'home, li leus empert tute sa force et
son hardiment ; et se li leus voit l'ome primerains, li hom
empert sa voiz , si qe il ne uet mot dire.

Ceste nature est trovée en amor d'omę et de feme : car qant il a amor entriaus deus, si li home peut percevoir par la feme meisme primerains qu'ele l'aint, et qu'il sace tant qu'il li face conoistre, elle a puis perdu le hardement d'escondire. Mès por çou que je ne me peut tenir ne soffrir de vos dire mon corage ançois qe je seusse riens del vostre, m'avez-vos escondit : çou voz ai oit dire aucune foiz.

Et puis que je fui premerains venus selonc la nature del leu, je doi bien perdre la voiz. C'est une raisons por quoi cis escris n'est mie fais en chantant, mès en·contant.

Et une autre raisson de çou meisme si est prise de la nature del CRISNON, dont je me sui molt pris garde.

LI CRISNON.

CAR sa nature est tele que li chetis s'entent tant à chanter qu'il se muert en chantant, tant en pert le mengier et tant s'en lait à pourchacier. Et por ce me sui-je pris garde que li chanters m'a si poi valu, que je m'i peusse bien tant fier que jou i perdisse neis moi, si que li chanters ne m'i secorust, noumeement à çou que jou esprovai, que à l'eure qe je mius chantai et que je miols dis en chantant, adont me fu-il pis ! aussi come DEL CISNE.

LI CISNES.

Qe il est 1 païs là où li cisne chantent si bien et si volontiers que qant on harpe devant aus il s'acordent à la harpe, tout en autel manière com li tambuis au flajol , et noumeement en l'an qu'il doit morir. Si que on dist que , quant on en voit un bien chantant : cel morra auwan. Et tout aussi com d'un enfant, que quant on le trueve de bòn engien , se dist-on : il ne vivera mie longement.

Et por ce di-jou por le paor qe je oi de la mort au cisne, qant je chantai miols et de la mort au crisnon, quant je le fis plus volontiers, por ce laissai-je le chanter à cest arrière ban faire et le vous envoiai en maniere de contre escrit. Car tres dont deusse-je bien avoir perdu la voiz qe li leus me vit premiers ; ce est à dire qe je reconnuc que je vos amoie devant çou que je seusse à quel chief j'en peusse venir. Las ! et si me sui tant repentis de çou que je vos avoie proié, por vostre douce compaignie perdre.

LI CHIENS.

Car se jou peusse faire aussi come li chiens, qui est de teil nature que quant il a womit, si repaire à son womitte et le remengue de rechief, jou eusse volontiers ma proiere r'englotie cent fois, puis qu'el me fu volee des dens, et ne vous merveillés pas se j'ai l'amor comparée à la nature del leu.

LI LEUS.

Car encore a li leus molt d'autres natures. Li une est que il a le col si roit qu'il ne le puet flechir s'il ne torne tout son cors ensamble ; et l'autre nature si est qu'il ne prendra jà proie près de sa loviere. Et la terce si est qe s'il entre en un biercil, il i entre al plus coiement qu'il puet. Et s'il avient que aucuns rainsceaux brise desoz ses piez qui noise face, il s'en venge à son piet meismes et le mort mout angoisseusement.

Toutes ces 3 natures sont trouvées en amor de feme. Car ele ne se puet doner se tout ensamble non ; c'est solonc la première nature ; et selonc la seconde si est qe s'il avient q'ele aint 1 home quant il est loing de li, si l'amera trop durement, et quant il est priès, si n'en fera jà nul semblant. Et solonc la tierce nature, si est que s'ele va si avant de parole que li hon se perçoive q'ele l'aint, tout aussi com li leus se venge par sa bouche de son pié de trop bien ramonceler, ele par force de parole viut racovrir ce q'ele a trop avant alé. Car volontiers veut savoir d'autrui ce q'ele ne viut mie qu'on sace de li. Et d'ome q'ele ne cuide mie qu'il l'aint, se viut-ele fermement garder.

LA WIVRE.

Aussi com il avient à la WIVRE, qui est de teil nature que quant ele voit 1 home nu, si en a paor et le fuit sans

soi asseurer ; et s'ele le voit vestu, si li ceurt sus, ne ne le
prise noient. En tele maniere avez vos fet de moi, bele
tres doce amée ; car qant je m'acointai à vos , si vos tro-
vai d'une doce maniere, à 1 poi de vergoigne, tele come
il covient aussi que vos me ressognissiez 1 petit por la no-
veleté. Et quant vos seustes qe je vous amoie , si vos fe-
sistes si fière come vous vousistes et me corustes auqes sus
de paroles.

La novele acointance si est comparée à l'ome vestu.
Car aussi com li hom naist nus et puis se viest quant
il est parnorris ; aussi est-il nus d'amor en la pre-
miere acointance et descoviers qu'il li ose bien dire tot
son courage. Mès après, qant il aime , il est envolepés
q'il n'en seit issir et si se cuevre del tout, si q'il n'ose rien
dire de son penser ; ains se dote adès c'on ne le puist re-
prendre. Et est aussi pris con li SINGES CHAUCIÉS.

LI SINGES CHAUCIÉS.

CAR la nature del SINGE si est qu'il vuet contrefaire
qanqe il voit faire, et li sage vencor qi par engien les voe-
lent prendre espient qe il soient en tel leu que li singes
les puist veir. Et dont se chaucent et deschaucent devant

aus ; et puis s'enpartent d'iluec ; si i laissent uns sollers à la mesure del singe et se vont esconser en aucun leu. Lors vient li singes ; si veut aussi faire , et prent ces sollers, si les chauce par sa male aventure. Mès aincois qu'il les puist deschaucier, saut li venères , si li ceurt sus , et li singes chauciés ne puet fuir, ne en arbre monter, ne ramper; einsi si est pris.

Ces exemples conferme bien c'on doit bien comparer l'ome nu à celui qui n'aime mie, et le vestu à celui qui aime. Car aussi com li singes est delivres, tant com il est nus piez, nen est-il pris devant ce q'il se chauce : aussi n'est li hom emprison devant ce qe il aime par amors. Et par cest exemple est confermez cil de la WIVRE. Et par ces deus exemples voi-je bien la raisson par quoi vos m'avez fait pieur semblant, puis qe vos seustes qe je vos amoie.

Et il me semble que vos deussiés faire le contraire , et que meillor semblant deusse avoir de vous, qant vos me seustes vestu de vostre amor, que qant je en fusse nus.

LI CORBIAUS.

CAR tele est la nature del CORBEL qe tant con si corbeillot sont sanz plume, parceq'il ne sont noir et qu'il ne le re-

samblent, jà ne les regardera, ne ne paistera; ains ne vivent
se de rousée non, dusqu'à tant q'il sont vestu de plume
et q'il puent bien resambler lor père. Ainsi m'est-il à vis
qe vos deusciez avoir fait, bele très doce amée, qe qant
je fusse nus de vostre amor, si ne vos chausist de moi, et
qant je en fusse vestuz qe je peusse un escuchon de vos
armes porter, si me deusciés chérir et norrir en vostre
amor, quai q'ele fust tenre et novele, aussi com on paist
1 enfant au doit. Et miols deust en vostre amor nestre la
nature del corbel qe cele de la *wivre* ne cel del *singe*.

Car li corbiaus a encore une autre nature qui sor totes
riens resamble à nature d'amors. Car sa nature si est qe
qant il troeve un home mort, la première chose q'il en
trait ce sont li oel; et par iluec en trait la cervele, et qe
plus en trueve et plus en trait.

Ausi fait amors. Es premières acointances est li hom
pris por ses iols, ne jà amors ne le presist, s'il ne l'eust
esgard.

LI LIONS.

Car amors fait aussi come LIONS quant il mangue la
proie. S'il avient c'uns hom pas se en costé lui, s'il le re-
garde, il li court sus, et s'il ne le regarde, li lions se
tient toz cois, por ce qe figure d'ome porte aussi come
unes enseignes le signor del monde, si çou vient qe li
lions resoigne son vis et son regart.

Mais por ce qu'il a naturel hardement, si a honte d'a-
voir paour, si court sus à l'ome, tantost conme il le re-
garde. Et cent fois passeroit li hom par en costé le lion,
et jà li lions ne se moveroit, pour tant que li hom ne le
regardast.

Dont di-jou qe amors resamble le lion. Car aussi ne
ceurt sus nului, s'il ne le regarde, dont prent amors ès
premières acointances par les iols, et par iluec pert li hom
sa cervele.

La cervele de l'ome senefie sens. Car aussi com li es
pirs de vie qi done movement meint en iols, et caleurs
qi done norrissement, en foie, aussi meint en cervele sens
qui entendement done. Et qant li hom aime, nus sens ne
li puet avoir meslier, ains le piert à tout fait ; et com plus
en i a et plus em piert. Car com plus est sages li hom,
tant se paine amors de lui plus erragiement tenir.

Pour ceste nature di-jou que amors resamble le corbiel ;
et ceste nature prueve que s'autre nature qui devant fu
dite deust mius veintre en amors que la nature de la wi-
vre ne del singe ; et que mius devroit feme amer l'ome
qui seroit de s'amor vestus que celui qui en seroit nus.
Et jou quic qe si font aucunes. Mès il en i a qui ont les
testes percies, si qe qant il lor entre par une oreille, si lor
ist par l'autre ; et là où eles aiment, si s'escondient.

LA MOSTOILE.

Aussi com la MOSTOILE, qui par l'orelle conçoit et par la bouche enfante. Et teil nature font tieus femes; jà soit ce q'eles aieut oïs tant beaus mos qe lor samble que les doivent amer, et qu'eles ont aussi coume conciut par l'orelle, si s'en délivrent par la bouche à un escondit, et salent volentiers en autres paroles par costume, aussi coume elles doutassent d'estre prisses. Tout en tel maniere come la mostoile meesmes qui porte ses faons, quant elle les a enfantés, par paor de perdre ; et cette daerraine nature de la mostoile si est une desesperance d'amors, c'on ne voelle oïr parler de çou que grignor mestier puet avoir et tou- dis voelle-on parler d'el.

Et ceste desesperance si est solonc la nature de la KA- LANDRE.

LA KALANDRE.

C'est uns oiseaus qe qant on le porte devant un ma- lade, s'il esgarde le malade en mi le vis, c'est signes qe li malades garira, et s'il s'en torne d'autre part, q'il ne le voelle regarder, on juge qu'il covient le malade morir.

Pour ce me samble, bele très doce amée, que puis que il vos poise que je onques vos proiai, et que volentiers eusciés aimée m'acointance et que volentiers m'eussiés tenu compaignie por ce que jou ne parlaisse de çou dont je estoie malades, que n'eustes onques talent de regarder moi malade en mi le vis : dont me doit-on jugier por mort.

Car par çou m'avés-vos mis en teil desconfort com il apertient à parfete des esperance, sanz atendre mierci, et c'est la mort d amors. Car ausi come en mort n'a point de recovrier, aussi n'a-il point d'esperance en moi de joie d'amors, là où on n'atent merci. Dont sui-je mors, c'est voirs. Qui m'a mort ? Je ne sai ; ou vous ou jou ; fors qe ambe doi i avons coupés.

LA SERAINE.

Aussi come de celui que la SERAINE ocit quant elle l'a endormi par son chant. Car il sont 3 manieres de seraines ; dont les 2 sont moitié feme, moitié poissons, et la tierce moitié feme et moitié oiseaus ; et chantent toutes 3 ensamble les unes en buisines , les autres en harpes et la tierce en droite vois. Et lor melodie est tant plesanz que nus ne les ot qu'il ne li coviegne venir. Et quant li hom est priès, si s'en dort; et quant ele le troeve endormi, si l'ocit. Einsi me samble que la seraine i a granz coupes qant ele l'ocit en traïsson, et li hom granz coupes quant il s'i croit.

Et jou sui mors par teil raisson que jou et vos i avons coupés. Mès je ne vos os sus metre traïson. Si n'en metrai les coupes se seur moi non, et si dirai qe je me sui mors. Car se je fusse encore à vos oïr quant parlastes premiers à moi, si'n eusse-je eu garde se je fusse aussi sages come LI SERPENZ qui garde le bausme.

LI SERPENS ASPIS.

C'EST uns serpenz qui a non ASPIS. Si n'ose nus aprocier de cel arbre dont li bausmes degoute, tant comme il veille. Et quant on violt avoir del bausme, si convien c'on l'endormie à harpes et à autres estrumens. Mès il a tant de sens de sa nature qe quant il les ot, il estoupe l'une de ses oreilles de sa keue, et l'autre frote tant à la terre qu'il l'emplist toute de boe ; et quant il est si asourdis, si n'a garde c'on l'endormie.

Aussi deusse-je avoir fait. Et non porquant si cuic-je bien que vos seustes com à envis je m'alai acointier de vous à la première fois. Et si ne savoie mie par quoi c'estoit ; fors par ce qe ce fu pronostique de mal qui puis m'en est avenus. Mais toutes voies i alai-je et m'endormi au chant de la seraine ; ce fu à la doceur de vostre acointement et de vostre parler, à qui oïr je fuis pris.

Est-çou merveille, se je i suis pris ? Nenil ; car voiz a tant de force qu'ele escuse meintes choses qui sont désavenans !

2

LA MERLE.

Aussi com de la MERLE. Car encor soit ce li plus lais oiseaus c'on gart, et encor ne chant-ele qe deus mois en l'an, si le garde-on plus volentiers c'un autre oisel, par la melodie de sa voiz. Et encore s'i voit mout d'autres forces, dont li communs de la gent ne sevent mot.

Et une de ses forces si est que nature recuevre par voiz une des grignors defautes qui soit en riens vivant. Car les choses vives si sentent de v sens : ce sont, *oïrs, veirs, gousters, flairiers et touchers*. Et quant il avient que à l'une defaut aucune chose, si restore nature son damage au miols que ele puet par un autre sens.

Dont il avient que nus hom ne voit si isnelement come sourz de nature ; ne nus hom n'ot si clerc come avugles ; ne nus hom n'est si lechierres come punais, car li nerf li vienent del cervel as narines et au palès par la vertu del sentir. De tant com il ont meins à faire, de tant conoissent-il plus parfaitement de ce dont il s'entremelent. Et aussi est-il des autres sens.

Mès entre toz les autres sens n'est nus si nobles come

veoirs ; car nus des autres ne fait tant conoistre de choses
et on ne le coevre fors par voiz.

LA TAUPE.

Si come la TAUPE, qui goute ne voit, ains a les iols desoz
cuir. Mes ele ot si clerc que nus ne la puet sosprendre
qu'ele ne l'aperçoive, pour tant que sons en isse. Dont li
restore nature sa defaute par voiz.

Car voiz siert à oreille, et couleurs à veue, et odours à
flairier, et savours à gouster. Mais au tast servent pluseurs
choses. Car on sent chaut, froit, moiste, sec, aspre, souef
et mout d'autres choses. Et si restore nature sa defaute par
voiz si parfaitement, que nule riens qui vive n'ot si cler
come la taupe, ains est une des v bestes qui sormonte
toutes les autres bestes des v sens.

Car de cascun sens est une beste qui totes les autres
sormonte, si come li LINS de veoir, (C'est uns petit vers
blans, qui voit parmi les parois) la TAUPE d'oir, et li VOU-
TOIRS de flairier (car il sent bien au flair une charoigne de
III jornées loing), SINGES de gouter, et YRAIGNE de tou-
chier.

Et s'a encore la taupe autre spécialité. Car c'est une des bestes qui vit de pur element.

LI IIII ELEMENT.

CAR il sont IIII element dont li mondes est fait : *fus, airs, èves* et *terre*.

La TAUPE vit de pure terre, ne nule rien ne mengue se pure terre non ; HIERENS de pure eve, et SALEMANDRE de feu ; (c'est uns oiseaus blans, qui de feu se norrist) et li PLOVIERS del air; et de qui plumes del salemandre on fait les dras c'on ne lève se en fu non.

Ces espécialités a la Taupe : En l'une est provée force de voiz. Et si n'est pas si granz merveille de çou que voiz puet restorer defaute de veue par le sens à qui ele sert, c'est par oir ; come de çou qu'ele restore le défaute del sens meisme à qui ele sert, car c'est une force c'on ne trove en nule autre chose qu'en voiz. Et ço est escrit ès natures qu'eles n'ont mie oïe.

LES EIS.

Non por quant uns vaisseaus d'es est essamez, ou les maine à sifflet et à chant, ne mie porce que les eis l'oïent, mais il pert à lor oevres signerius que leur nature est si noble et si ordenée, selon la manière qu'il ne peut mie estre que bons ordenemens et parfez, se trespast qu'eles ne le sentent mie ; et cil qui ont leut et entendut les hautes phylosophies sevent bien combien musique puet, et chaus ne puet mie estre celé qu'en totes les choses qui sont, n'a si fort ne si parfaite ordenance come en chant, ne s'i esquise.

Car ordenance de chant est si parfaite et si poissans que ele a pooir de muer corages et de changier volontés. Dont li ancien avoient uns chans propres à chanter, por ce que nus ne les oist qui ne fust entalantez de les oïr, et uns autres à chanter as services des morz, qui estoit si piteus que nus ne les oïst qui se tenist de plorer, tant eust cuer dur ; et uns autres qui estoient si tempré et si se tenoient entre deus, qu'il faissoient les corages ne trop volages, ne trop pesans.

Et puis que ordenance de chant est si parfaite, il ne puet
mie estre qu'ele trespast priès des eis, qui si ordeneement
sont faites, sans çou que eles ne le sentent, et si n'ont-eles
mie oïes.

Mes eles le sentent au tast qui est li plus generaux des
sens et à qui plus de choses servent proprement, si com il
a esté devant dit. Dont restore voiz la defaute del sens
meisme à qui ele siert. Ce di-jou par un autre sens.

Ceste force est une des plus merveilleuses forces qui soit;
ne si faite force n'est trovée en nule rien, se voiz non. Et
mout d'autres forces a encore voiz, et en vertuz et en pa-
roles, et en vertu de chant, dont il n'est ore mie lius de
parler : mès atant vos en soffisse ore solonc nostre nature.

Et s'a voiz si grant force que ce ne fu pas mervelle se je
m'i endormi à force de voiz. Car ce ne fu mie voiz come
autre ; ains fu voiz de la plus bele riens que je onques
eusse ouu en mon jovent. M'aida dont la veue à prendre?
oïl.

Miuz fui-je pris par mon veoir que TYGRE n'est au mi-
reor, que jà ne sera tant corrocié de ses faons, s'on li a
emblez, que s'ele encontre un mireoir, qu'il ne li coviegne
ses iols aerdre ; et si se delite tant au remirer la grant
beauté de sa bone taille qu'ele oublie ciaus à chacier qui
li ont emblés ses faons, et s'arreste iluec come prisse.

Car li sage veneor i mettent le mireoir tout à essient,
por aus delivrer de li. Dont di-jou que je fui pris à oïr et
à veir, que ce ne fu pas mervelle se je i perdi mon sens et
ma memoire. Car oïrs et veirs si sont ii portes de mémoire
si com il a esté ci devant dit ; et si sont ii des plus nobles
sens del home. Car li hom à v sens : *veir, oïr, goster,
flairier* et *touchier,* si com il a esté devant dit.

LI UNICORNES.

PAR le flairier meisme fui-je pris come li UNICORNES qui s'endort au douc flair de la pucele.

Car tieus est la nature del unicorne qu'il n'est nule beste si crueuse à prendre ; et a une corne en la narine que nule armeure ne le puet contretenir, si que nus ne li ose corre sus ne attendre, fors virge pucele. Car quant il en sent une au flair, il s'agenolle devant li et si s'umelie docement aussi come por servir. Si que li sage veneor qui sevent la manière de sa nature metent une pucele en son trespas et il s'endort en son giron. Et lors quant il est endormis, si vienent li veneor ; qui en veillant ne l'osent prendre, si l'o-cient.

En tel maniere s'est amors vengié de moi. Car j'avoie esté li plus orgueilleus vers amors qui fust de mon aage, et me sambloit que je onques n'avoie veue feme que je vousisse mie avoir del tot à ma volenté, par si que je l'a-masse aussi très durement comme je ooie dire c'on amoit. Et amors qui est sages veneres me mist en mon chemin une sage pucele à qui doceur je me sui endormis, et mors.

d'itel mort come à amor apertient. C'est desesperance sanz atente de merci.

Por ce di-jou que jou fui pris au flairier et encore m'a-elle adiès tenu au flairier. Et ai ma volonté lessie por la siue à porsivir.

LA PANTHÈRE.

Aussi come les bestes que puisque eles ont une foiz sentie au flair de la Pantère, ja puis ne la lairont, ains le sivent jusqu'à la mort por la doce alaine qui ist de li. Por ce di-jou se je fui pris à ces iii choses de sens à oïr, à voir, et à flairier; Et se je parfusse pris as autres ii sens à gouster en baisant et à atouchier en acolant, dont parfusse-je à droit endormis. Car adont dort li hom, quant il ne se sent de ses v sens.

Et del endormir d'amors vienent tout li péril. Car à toz les endormis siut la morz, si come del unicorne qui s'endort à la pucele et al home qui s'endort à la seraine.

LA GRUE.

MAIS si je me fusce gardez de cel péril, il me covenist avoir fet aussi come la GRUE, qui les austres garde. Car quant grues vont ensamble adiès, en veille une quant les autres dorment, et font la veille chascune à son tor. Et cele qui guete, prent petites pieretes de soz ses piez, por ce que ele ne dormie fermement; ne ne puet fermement ester, car grues dorment en estant.

Jou di que aussi deusse-je avoir fait. Car la grue qui les autres garde, c'est porveance qui doit garder les autres vertuz del home; si li pié sont les volentés. Car aussi come on va par les piez, aussi va l'ame par la volonté d'une pensée en autre, et li hom d'un fait en autre. Dont met la grue pierres en ses piez, por ce que ele ne puist fermement ester, por ce que ele ne s'endormie.

Quant la porveance tient si contre sa volenté que li autre sens ne s'i fient mie tant qu'il soient deceu, qui ensi l'eust fait il n'eust garde eut. Mais qui n'a porveance il est aussi empiriez come li PAONS enlaidis de la keue perdre.

LI PAONS.

CAR la keue del paon si senefie porveance, por ce que
keue qui est derriere senefie ce qui est à venir, et ce
qu'ele est pleine d'iols, si senefie le prendre garde de ce
qui est à venir.

Por ce di-jou que keue de paon senefie porveance. Car
autre chose n'apele-on porveance fors que prendre garde
de çou qui est à venir. Et la keuwe senefie porveance; et
por ce est confermez li paons à la nature del lion.

Car il est d'itel nature que s'on le chace et li coviegne
fuir, il traine sa keue et si cuevre les traces de ses piez,
por ce que on ne le sace où trover.

Aussi fet li sages hom qui a porveance. Quant il li co-
vient faire aucune chose dont on le blasmeroit s'on le sa-
voit. Il se porvoit si au faire que on ne le saura jà, si que
sa porveance cuevre la trace de ses piez, c'est à dire la
renomée u bone u male qui de ses oevres peussent issir.
Dont senefie la keue porveance, et nommeement keue de
paon; por les iols qui i sont.

Et por ce di-jou que aussi laide chose con çou est de

paon sans keue, aussi granz poverté est d'ome sans por-
veance. Non porquant se jou eusse autretant d'iols come li
paons a en la keue, si peusse-je bien estre endormis a force
de voiz.

LI ARGUS.

Car jou ai oï conter d'une dame qui avoit une trop bele
vache, que ele amoit tant que ele ne le volsist avoir per-
due por nule riens. Si le dona à garder à un vachier qui
avoit à non Argus. Cil Argus avoit cent iols. Si ne dor-
moit onques que de ii iols ensamble. Si reposoit adès les
iols deus et deus et tout li autre guaitoient. Et parmi tout
ce, fu la vache perdue. Car uns hom qui la vache avoit
amée i envoia un sien fil qui merveilles savoit bien chanter
en une longe verge crousée, qui avoit non MERCURIUS.

Cil MERCURIUS comença à parler à Argus d'un et del, et
chanter à la fois en sa verge et tant li ala entour, qu'en
parlant, qu'en chantant, que Argus s'endormit de ii iols et
puis de ii, et tant s'endormi de ses deus iols, deus et deus,
que il s'endormi de toz; et lors li trencha Mercurius la

teste et enmena la vache à son père. Por ce di-jou que
Arguz à force de voiz s'endormi, jà fust ce qu'il eust au-
tretant d'iols come il en a la keue dou paon, qui senefie
porveance.

Dont n'est-ce pas merveille se je parmi toute ma por-
veance m'endormi à force de voiz, nient plus que de celui
qui s'endort à la seraine et del unicorne qui sendort a
pucele et cis meismes Argus. Dont sui-je mors. C'est
voirs. I a-il point de recovrier? Ne sais. Mais quel reco-
vrier i puet-il avoir ? La vérités si est que aucun recou-
vrier i puet-il avoir ; mais je ne sai quels li recovriers i
est, nient plus que de l'ARONDE.

L'ARONDE.

CAR on a esprové que quant on li a emblez ses petits
arondeaus, s'on lor crière les iols et on les remet el
nit, jà por ce ne demorra qu'il ne voient, ains qu'il soient
parcréu, et pense-on bien que l'aronde les garist. Mais
on ne sait par quel medecine.

En tel maniere avient de la mostoile.

Que s'on li ocit ses faons et on li rent toz morz, ele seit de sa nature une medecine par coi ele les resuscite. Ce sait-on tout de voir. Mais on ne puet savoir quele la medecine est.

LI LIONS.

Ensi di-jou, bele tres doce amée, que je cuic que aucune medecine est par quoi vos me poés bien resusciter, fors que tant que par la nature d'une beste juge-on la nature d'une autre. Et on seit bien que li LIONS resuscite ses faons et si seit-on bien coment.

Car li lions nest mors, et trois jors ruit li pères sor lui et ensi resuscite. Einsi me semble-il que se vos me voliés rapeler à vostre amor, que ce me porroit bien estre reco-vriers à resusciter de teil mort come il est li morz d'amors. Et tout aussi come il avient dou PELLICAN.

LI PELLICANS.

Car on seit bien que li Pellicans est un oiseaus qui mer-
veilles aime ses faons. Et tant les aime qu'il se jue
trop volentiers à aus. Si s'i en fient tant qu'il i osent aussi
juer ; et tant li volent devant les iols qu'il le fierent de lor
eles ès iols ; Et il est de si orgueilleuse maniere qu'il ne
peut soffrir c'on li mesface. Si s'en corroce et les ocit. Et
quant il les a ocis, si s'en repent. Lors lième s'ele, et oevre
son costé à son bech, et del sanc qu'il en trait si arrose ses
poucins ; et ensi les resuscite.

· Ensi, bele très doce amée, me fu-il, quant je fui nou-
veaus acointés de vous. Adont me fis-je vostre poucin et
vos me feistes si bel semblant que il me fu avis que je ose-
roie bien parler à vous de ce qu'il plus me deveroit plaire ;
et vous me prisastes si peu envers vous que ce que je vous
dis ne vous pleut mie. Si m'en avez ocis de teil mort com
à amor apertient.

Mès si vos voliés vostre costé ovrir, tant que vos m'eus-
ciés arosé de vostre bone volenté et si m'eusciés vo cuer
doné, vous m'averiés resuscité. Car ce est la souveraine

medecine de moi aidier de vostre cuer avoir. Et se ne fust
ore se por ce non que je vos ai oï aucune foiz dire, que il
vos anoioit de ce que je vos prooie et que volentiers me te-
nissiez compaignie, se ce ne fust se me deussiez-vos vostre
cuer doner por estre delivre de mon anui !

LI CASTORS.

Aussi com li Castors. C'est une beste qui a 1 membre
sor lui qui porte medecine. Si le chace-on por celui
membre à avoir et il fuit tant com il puet. Mès quant il
voit qu'il ne puet plus guencir, si a paor c'on ne l'ocie.
Et non por quant il a tant de sens de nature, qu'il seit bien
c'on ne le chace se por celui membre non. Si i gete ses
dens, si l'esrache et si le lait cheïr enmi la voie. Et quant
on le trueve, si le lait-on aler. Car on ne le chace se por
celui membre non.

Aussi, bele très doce amée, se ma proïère vos anuie
tant com vos dites, vous vos poez molt beau delivrer par
vostre cuer doner. Car jou ne vous sui, se por ce non. Mès
por quoi vos sivroie-jou, se por ce non? Quant autre chose
n'a mestier à moi recovrer de la mort d'amors ; ains est

la Soveraine medecine de moi aidier, si com il a esté
devant dit. Mais il est enfermés en une si fort sierure que
jou n'en poroie finer ; car la clés n'est mie en ma baillie,
et vous ne le volez ovrir, qui la clef en avez. Portant si
ne sai comment cius costés soit overz ; se je n'avoie del
herbe dont li ᴇsᴘɪᴄs fet la cheville saillir fors de son ni.

LI ESPICS.

Cᴀʀ sa nature si est que quant il troeve un arbre crousé
à petite entrée, si fait son nit dedens le crues. Et se
aucunes genz por esprover la merveille estoupent le per-
tuis d'une kiville, qu'il i fièrent à force. Et quant il le
trueve en tel manière estoupé que sa force n'i puet valoir,
si vaint la force par engien et par sens. Car il conoist de
sa nature une herbe qui a pooir de deffermer. Si le quiert
tant qu'il le trueve, et l'aporte en son bech et le touche à
la kieville et ele saut tantost hors del trau.

Por ce di-jou , bele très doce amée, que se je pooie
avoir de l'herbe, jou essaieroie se je poroie vostre costé
ovrir, por vostre cuer avoir. Mais je ne sai quele herbe

ce est, se ce n'est raissons. Raissons non est. Ce n'est mie raissons. Car si ne sont que II manières de raissons, li une est de *parole*, et l'autre est de *chose*.

Raissons de parole n'est-ce mie : car encore ait raissons teil pooir c'on puist à une damoisele prover par raisson qu'ele doive amer, por ce ne li puet-on prover qu'ele aint, ne on ne li aura jà si bien prové qu'ele ne puist dire, s'il li siet, qu'ele n'en viut riens faire. Ne raissons de chose n'est-ce mie. Car qui prenderoit garde à raisson et à droit, la vérité si est que je vail si peu avers vous que je auroie tout perdu. Ains ai meillor mestier de merci que de raisson.

Mais d'autre part cele herbe n'est ne mercis ne proière, et merci crie que, se ce ne me deust valoir, vos costé fust piéça overs. Et si n'i a autre miedecine à moi recovrer de mort, fors que vostre costé ovrir, tant que jou aie vostre cuer. Dont c'est aperte chose que je sui morz sans recovrier. C'est voirs. Dont ne me covient-il plus penser à recovrer? C'est voirs.

Mès par foi, de ce c'on a perdu sanz recovrier, se puet-on en aucune manière reconforter. Coment? S'on a esperance d'estre vengiez. Et coument en porroie-jou estre vengiez? Je ne sai se ele amait aussi qui que soit qui de li n'eust cure. Ostes qui seroit si hors del sens qui de li n'eust cure? Nus, se ce n'estoit d'une manière de gent qui sont de la nature de l'ARONDE.

L'ARONDE.

CAR li aronde est d'iteil nature qu'ele ne mengue onques, ne ne boit, ne ne poust ses arondiaus, ne ne fait autre chose, s'en volant non. Et si n'a garde de nul oisel de proie, car nus autres oiseaus ne le prent. Aussi sont unes gens qui ne font nul rien, s'en volant non, neis amer ne font-il, s'en trespassant non. Et tant comme il le voient si lor en est et nient plus. Et d'autre part il ne sont pris de nul oisiel de proie, car il n'est amors de dame ne de damoisele qui les tenist mie, mais sont à toutes ouni.

LI HYREÇONS.

AUSSI come li HYREÇONS, qui se puet metre en roe dedans ses espines, si c'on ne le puet touchier de nule part, qu'il ne poingne. Et si se puet chargier de chascune part, quant il se toelle ès pomes, por ce qu'il est de chascune part espinez. Et por ce qu'il est de chascune part espinez, di-jou que tieus manière de genz sont aussi come le Hyreçons; car il pueent de chascune part prendre et il ne pueent de nule part estre pris.

Dont di-jou que aucuns hom de cele manière me porroit bien vengier. Mais cil vengemenz me serroit plus corous que confors. Car jou ameroie miols qu'ele fust

morte et je mors, que ele amast autrui que moi, puisqu'ele m'auroit escondit. Que voldroie-je dont? Qu'ele n'amast ainçois ne moi ne autrui? Coment en porroie-je estre vengiez? Je ne sai, se ce n'estoit por çou qu'ele se repentist dou mal qu'ele m'auroit fet. Car une manière de venjance si est repentance ; et biel se venge de son anemi qui l'amaine jusqu'al repentir. Dont voudroie-jou qu'ele se repentist del mal qu'ele m'auroit fait, solonc la manière del Cocodrille.

LE COCODRILLE.

C'EST uns serpenz sauvages cui li comuns de la gent apelent CAUCATRIX. Sa nature si est que quant il troeve i home, si le deveure, et quant il l'a dévoré si le pleure toz les jors de sa vie.

Aussi voudroie-jou qu'il vous avenist de moi, bele très doce amée. Car je sui li hom qui vous avez trové et voirement trové. Car aussi come on a sanz travail ce que on treuve, sui-je en tel manière vostres et que vos m'avez por noient. Et puis si m'avez devoré et ocis de mort d'amors.

Si voudroie bien, s'il pooit estre, que vous vos en repentissiez et me plorissiez des iols de vostre cuer. Ensi en porroie-je estre vengiez à mon gré. Car l'autre manière de venjance ne voudroie-je à nul fuer.

Non por quant à ceste manière meesme me douterois-jou que l'autre ne sorvenist. Car legière chose samble quant une feme se repent et elle lait aler son ami loial, se uns antres li prie que ele li otroie à meins de dangier.

L'YDRE.

Aussi come il avient de cocodrille et d'un autre serpent c'on apiele YDRE. C'est un serpenz qui a plusieurs testes et s'est de teil nature que s'on li trenche une de ses testes, il l'en revienent II.

Cis serpenz si het de naturel haine le cocodrille. Et quant il voit que li cocodriles a I home mengié et qu'il s'en repent tant, qu'il n'a mès talent d'autrui home men-

gier, si pense en son corage que ore est-il legiers à dece-
voir, por ce qu'il ne li chaut qu'il mengue ; si toelle soi-
mesmes en la boe, aussi com il fust morz et quant li

cocodrilles le trueve si le deveure et l'englout trestout en-
tier. Et alors quant li Ydres se trueve en son ventre, si li
depece toute la boiele, puis si s'en ist, à grant joie de sa
victoire.

Pour ce di-jou que après la venjance del repentir, me
douteroie-jou que l'autre venjance n'i sorvenist. Car li
Ydres qui a plusieurs testes senefie home, qui a autretant
d'amies com il a d'acointances ostes signorie ; et com tieus
manières de genz sont de granz cuers qui tant en peuvent
faire de parties ; car chascune ne le puet mie tout avoir.
Non por quant je vouroie que cil qui tant de parties font
de lor cuers fussent teil atorné que li cuer lor parteissent.

L'autre chose del Ydre si est que quant ele a perdu une
de ses testes que ele en gaaigne plusieurs, et que ele croist
de son damage. Si senefie que s'on l'engine une fois, ele
engignera vII foiz.

LA SINGESSE.

CE est la nature de la SINGESSE que ele a II faons à une litée ; et jà soit ce que ele aint ambes deus come mère et que ambes deus les voelle norrir, toutes eures aime-elle l'un si très durement envers l'autre, c'on puet bien dire qu'ele aime l'un et l'autre heit. Si que quant on le chace pour prendre, toutes voies ne viut-elle mie l'un ne l'autre perdre come mère. Mes ele gete celui qui ele heit derrière soi sor ses espaules et s'il se puet tenir si se tiegne ; et celui qui ele aime porte devant li entre ses bras et ensi s'enfuit à II piez. Mais quant ele a tant fui qu'ele est lassée d'aler à deus piés et qu'il li covient à force aler à un piez, si li estuet perdre celui qu'ele aime et garder celui qu'ele het.

Et çou n'est pas merveille ; car cel qui ele aime ne se tient pas à li, et cius qui ele heit si se tient à li et si li demeure.

Jou di que je vouroie, bele très doce amée, que se vous en aviés nul accueilli à vostre amistié, qu'il soit de la nature à la Wivre, u al Ysdre, u al Yreçon, u al Aronde ;

qu'il vous avenist de lui et de moi aussi come il avient à la
Singesse de ses deux faons. Car il me samble que jà soit
çou que vous l'amés plus de moi, si le perderés-vous, et jou
qui vous amés meins me tenroie à vous. Dont ne se tient-
il mie à vos, ains vos siut solonc sa volenté et ne mie
solonc la vostre.

LA SERRE.

Tout aussi come de la Serre qui suit la nef. La Serre
si est une beste merveilles grant et a eles et pennes
granz et merveilleuses ; de quoi ele se saut parmi la mer
plus tost que alerions ne vole a grue, qui a les eles plus
trenchans que rasoirs. Si se delite cele serre dont je vous
di en sa vistesse.

Car quant ele voit une nef rudement corre, dont estrive
à la nef por son isnelitet esprover. Et ceurt en costé
la nef à estrif, eles tendues bien LX lieues ou cent, à une
alaine.

• Mais quant alaine li faut, si a honte d'estre veincue, si
fait son pooir, savoir s'ele porroit la nef ateindre. Mès si

tost come la nef le trespasse, ne tant ne quant si met jus
ses eles e si se lesse aler tout à un fais au font de la mer
et là reprent s'alaine.

Jou di que tout aussi vos siut cel, tant come alaine li
dure. Car il feroit bien vostre volenté tant come ele ne
seroit pas contraire à la soie. Et si tost com ele li seroit
contraire, si ne vous sauroit mie un petit de mal greit, por
soffrir et por racorder ; ains vos guerpiroit tout à fait, à
l'acoison dou mautalent.

Por ce di-jou que vous le tenés et il ne se tient mie à
vous. Mès encor ne tiegniés-vos mie, si est-il aparissant
que je me tieng à vous. Et se je pooie perdre ce que je
n'eue onques, si ne me tenroie aillors qu'à vous, ne que
TORTERELE cange malle !

LA TORTERELE.

CAR la Torterele si est d'itel nature que quant ele a son
malle perdu, jà puis n'aura autre, ne jà puis ne sera
sor arbre qui portie fulle. Et por çou ai-jou aucune es-

perance con poi que ce soit, puis que cil ne se tient à vous
et jou m'i tieng, que vous le doiés encore perdre et moi
retenir, solonc la nature de la Singesse ; et bien di-jou que
jou me tieng à vous et que jou ne vous lairoie pour
autrui ; que encore s'il avenoit c'une autre me vousist et
fesist tant por moi c'on fait por son ami, ne me porroit-
ele faire flechir de vostre amor.

LA PERTRIX.

Aussi com il avient de la PERTRIX, que quant ele a pus
ses oes, si i vient une autre pertrix, si li emble, et les
keuve et norrist tant con li pertrisot sont parcréu, qu'il
pueent bien jà voler aveuc les autres oiseaus. Et s'il oent
lor vraie mere crier, qui les pust, il le reconoissent bien au
cri et lors guerpissent lor fausse mère qui les a norris et
sivent lor vraie mere, toz les jors de lor vie.

Li *ponres* et li *covers*, si sunt comparé a ii choses c'on
trueve en amours : ce sont *prendres* et *retenirs*, car aus-
si c'uns oes pus est sanz vie et ne vit devant ce qu'il a
esté covés, aussi li hom quant il est pris d'amors si est

aussi com mors, ne ne vit devant çou qu'il est retenus com
amis. Por ce di-jou que li prendre est le ponres, et li rete-
nirs est li covers.

L'OSTRISSE.

Aussi comme il avient del oef à l'ostrisse ; car il est
d'iteil nature que quant il a pus, qu'il lait son oef el
sablon, jà puis ne le regardera. Mès li solauz, qui est com
une chalors, l'eschaufe et norrist el sablon. Et ensi vient à
vie ; ne jà autrement n'est couvés.

Ensi di-jou de moi, qui sui li oes qui de nului n'est covés
et qu'il ne demeure c'un poi que je ne sui perduz. Mès
un poi de jolivetés de cuer me sostient, et qui m'est aussi
come solaz. Car ce est uns comuns confors dont chascun
a sa part solonc çou que Dex l'en a doné.

Mès il n'est nule si natureus chaleurs come desous
l'ele de sa mère, ne si bone norreture à enfant come del
let de sa mère meisme ; et se vos me voliés norrir, bele très

doce amée, jou vous serroie aussi bien fiuz come le faon de la Chuigne et de la Huple sont à leur mère.

LA CHUIGNE.

Car autretant de tans come la Chuigne met à ses chuignos cover, autretant de tans metent li chuignot, quant il sont parcréu, à leur mère norrir. Et aussi li faon de la huple, quant ele est enpanée, jamès ne mueroit-ele par li, aussi come autre oisel; ains vienent li huplot, si lor erracent à lor biés les viés pennes. Et puis si la keuvent et norrissent tant que elle est toute rempanée; et bien metent autretant de tans à li cover et à li norrir come ele mist à aus, quant ele les couva.

Dont me samble-il que je vous pourroie bien estre aussi bon fiuz come le faon à la chuigne et à la huple sont à lor mères. Mès il me samble que vous avez plus que mestiers ne me fust de cel orgueil qui aveuc amors ne peut durer. Si le vous convenroit brisier, ou nous ne gousterions de la joie d'amors.

LI AIGLES.

Aussi come LI AIGLES, quant ses biés est trop créus qu'ele ne puet mangier, si le brise et aguisse à la plus dure pierre qu'ele puet trover. Li biés del Aigle senefie orgueil qui est entre amors. Car adont brise li biés, quant on s'umelie tant que on defferme la forterece de son cuer, qui est devant la langue, à çou que ele puist reconoistre et otroier. Mès il i a teles qui se cuevrent à tout fait là où eles se deussent descovrir; et por eles solaciier quièrent qui que soit de qui eles se fient, à qui eles en bourdent.

Jou di que c'est brisier le bec à rebors; si resemblent LE COCODRILLE. Car totes les bestes qui sont et qui à droit menguent, si meuvent au maistier les joes desous, et celes deseure ne meuvent.

Mais li Cocodrilles mengue à rebors et tient coies ses joes desous, et celes deseure mueut, et tient son bec à rebors.

En tel manière tient cil son bec à rebors qui de ses amors parole à autrui qu'à son ami, qui qu'il soit, et à son ami s'en çoile ; à çou que peu de gent sont qui sacent eslire à qui il doivent parler. Car teil se font molt loial qui mordent en traïsson et qui plus sont encontre.

Tieus n'a talent de raisson faire, qui ne samblera mie qu'il doive celer vers autrui, quant vous ne vos celés vers lui ; si resamble le DRAGON. Car li dragons ne mort nului ; mès il mengue au lechier de sa langue. Quant ausi legierement come il ont oï vous, aussi legièrement se font-il oïr à autrui. Qui de cest dragon se voudroit garder, il li covendroit faire aussi come li OLIFANS.

LI OLIFANS.

CAR la nature del olifant si est qu'il ne doute nule beste fors le dragon. mais il a entr'aus deus naturel haine, si que quant la fumele del olifant doit faoner, si va faoner dedens l'ève d'Eufrate, qui est uns fleuves d'Inde la superiour. Pource que dragons est si ardant de nature qu'il ne puet euwe soffrir. Et s'il pooit as faons avenir, il les lecheroit et envenimeroit toz. Et li masles, por poor del dragon, se part devers l'ève à la rive.

Jou di que qui aussi ferait, il n'aurait garde de c'est dragon. Car bien enfanter, se senefie le retenir d'amors.

Car il a esté devant dit en la nature de la pertrix, que adont fet une feme d'un home son faon, quant ele le retient come ami; et qui cest enfantement feroit en l'euwe si n'auroit garde del dragon. Car euwe senefie porveance, de tant com ele a nature de mireoir.

LES COULONS.

Dont il avient que COULONS siet volentiers sor euwe, par ce que se ostoir vient pour lui prendre, que il s'en garde de loing, par l'ombre del ostoir qu'il voit en l'eve. Et bien a loisir de fuir à sauveté.

Et por çou est-ce bone chose de porveance; car on se prent bien garde de loing de ceaus qui nuire puent. Por ce di-jou que euwe senefie porveance; dont doit-ele enfanter en l'euwe s'ele se viut garder del dragon. C'est à dire que s'ele viut que s'amors soit celée, ele doit à tel porveance retenir son ami, que trop longe demorée ne le metie en desperance.

Tieus s'aseure molt d'estre loiaus amis, qui est traitres revoiz. Et celui qui plus m'asseuroit de parole, celui creroie jou meins. Car quant il met si grant paine à çou c'on le croie, c'est cil qui fait à douter et qui se viut escuser. Et meintes genz sont· peri pour avoir fiance en tieus asseurances.

LA BALAINE.

Aussi com il avient d'une manière de BALAINE, qui est si granz que quant elle tient son dos deseure l'eve, li natonier qui le voient cuident que ce soit une isle, à çou que ele a le cuir del tot en tot en tel manière come sablon de mer. Et de tant come li marinier vienent à river sor li aussi com ce fust une isle, et s'i logent et demeurent viii jorz ou xv et cuisent lor viandes sor le dos à la baleine. Mais quant ele sent le feu, si plonge soi et aus el fons de la mer.

Par ce di-jou c'on se doit le meins fier en la chose el monde qui plus se resamble; car ensi avient-il del plus de ceaus qui ami se font; et tieus dist qu'il se muert d'amors, qui ne sent ne mal, ne dolor, et deçoivent la bone gent.

LI GOURPIUS.

Aussi come li GOURPIUS fait les PIES. Car il se touelle en la boe de rouge terre et se couche geule baée en mi la voie, la langue hors, aussi que il fust mors et sanglens. Et lors vienent les agaches qui mort le cuident; si le vont entour et li voelent mengier la langue. Et il giete les denz, si lés prent par les testes, et les deveure.

Aussi di-jou, tjeus fait molt le très sage d'amors qu'il n'en chaut, et qui ne bée s'à trecherie non, Mès par aventure aussi dirés-vous de moi meismes? et à ce vous respont c'on siut os por molt d'ocoisons; car li i les sivent por faire besoignes à lor signors et li autre por ce qu'il ne sevent où aler, si vont le siège voir,

LI VOUTOIRS.

Et si est un oiseaus qui a à non VOUTOIRS, qni par costume siut les os por ce qu'il vit de charoignes. Si seit bien de sa nature qu'il i aura homes morz u chevauz ocis,

Cil voltoirs senefie ceaus qui sivent les dames et les damoiselles por faire lor preu d'eles, combien qu'eles en doivent empirier.

Et cil qui i vont por ce qu'il ne sevent ù aler et qui le siege vont veoir, si senefie ceaus qui nului n'aiment. Mès il ne sevent nului acointer s'il ne parolent d'amors ; et si ne sevent parler s'il ne proient, et si ne le font mie por trecherie, ainz l'ont d'usage. Et cil qui vont en l'ost por le besoigne de leur seigneur faire, si senefient les loiaus amis.

Por ce vous di-jou que jou ne sui mie por usage si come Voutoirs. Mès je ne vos puis por nule force de paroles faire savoir des quels je sui. Mès se vos m'aviés retenu, je vos mosterroie bien par oevre que je vous sui por la besoigne de m'aide faire. Non por quant, puis que nule raisons ne m'i puet vers vous valoir, si ne vous requier nule riens, fors merci. Mierci de qui j'atendoie secours et aïe m'est si del tout eslongié.

Ici fine li Bestiaires Mestre Richard.

ICI EN DROIT COMENCE

LI PROLOGUES A LA RESPONSE

SOUR L'ARRIERE-BAN

MAISTRE RICHARD DE FURNIVAL

ENSI COME SA DAME S'ESCUSE, SI COME VOUS PORRÉS OIR CI-APRIÈS.

OM qui sens et discrétion a en soi ne doit metre son sens ne s'estude, dont nus ne nule soit empiriez ne empirie; et ainçois fet cil bone oevre et loial travail, qui chose seit dire ne faire qui porfiter doive as non sachans.

Por la quel raisson, beaus sire et maistre, jou, qui feme sui, ai merveilleusement oï volentiers et apris et retenu, solonc men privé et povre petit pooir, ce que vous me

faites savoir en cest daerrain escrit, lequel vos avez ape-
let ARRIERE-BAN.

Et por ce que je ne voel mie que vos cuidiés que jou ne
sace et voelle croire que cis travaus por quoi ore et autre-
fois ne soit feis por el fors que por moi aprendre et doç-
triner, jou, qui feme sui, vous en responderai soulonc ce
que j'en sui avisée, et que jou en apiel le Dieu soverain
d'amors, qui me voelle aidier et secorre à faire response,
qui covignable soit et honort à moi et à toutes celes qui
en amors pouront perseverer.

Come il soit ensi, beaus sire et mestre, que li Dex
d'amors sovereins de nature nos a à çou mis, que par
pluseurs raissons, solonc natures de bestes et d'oiseaus,
vous m'avés prové assés soffisanment que jou deusse à
vous entendre autrement que jou ne fais, jou di que,
solonc ce que Dex m'a doné sens et entendement, que se
je me sui de vous gardée jusques à ore, que je le bée
mius à faire ci après ; et vos dirai por quoi.

Il est einsi que chose provée soit que vous cest arriere-
ban aiés fet por moi. Et jou, qui à merci ne doi venir, tant
come je puis aler au devant et vous respont à ce : Il est
voirs que jou ai oit dire que qui la chose ne viut faire,
ochoison doit dire por quoi il le doit lessier ; et por çou
que sanz raisson mostrer jou ne voel mie lessier que je
ne vous en die la moie opinion.

Premièrement, il est voirs, beaus sire mestre, que il me
covient querre men garant, solonc couleur de raisson, de
çou que je vous vorrei respondre, aussi come vos avez
fait moi, ore et autre fié. Et por çou que chastiaus de feme
si est sovent povrement porveus, solonc çou que Dex si ne
donna mie si ferme pooir à la femme come il fist à l'home,

m'est-il mestiers de meillor garde avoir que il ne seroit à vous qui hom estes, solonc çou que devant est traitié.

Et voel venir à çou que, com il soit ensi que Dex vous ait doné plus ferme pooir, ne fu-il pas si vileins que il ne nos donast noble entendement de nous garder, tant come nous nos vorrons mètre à deffense.

Et por çou que jou ai oï dire que il n'est plus de faintisses que de soi recroire, tant come force puist durer, jou ai mestier que je gietie de mes engiens et face drecier perières et mangouneaux, ars à tour, ars balestres, à cest chastel deffendre, que jou voi que vous avez assailli.

Premièrement jou voel que vous saciés de quoi jou me voel deffendre contre le premier assaut de cest arriere-ban que vous avez amené sor mi.

Jou, qui principaus sui de la guerre à meintenir, vous fac savoir que se vous fussiés avisés d'une chose dont jou me sent forte et garnie, que molt le doit-on tenir à merveilleuse folie.

Et ne tenés mie à mencoigne la raisson tel come je le vous dirai, solonc çou que jou l'ai oïe.

Il est voirs que sovent avient que li fors ceurt sus le foible, por ce que il ne sait pooir de deffendre. Et por çou que vos cuidiés que je n'eusse pooir de deffendre, m'avez-vos del premier envaïe. Or vous semble que vous ne serés jà recreus, tant come alaine vous dure, et jou, mestres, si me deffent de ce que jou d'aussi soffissant matère sui engenrée et faite, come vous qui seure me courés.

Or soit ensi que cil qui tout fist et cria fist tout premièrement home à la soie semblance; et li dona pooir seur tote créature autre, meismes seur la feme, de quoi il est garde et comandemenz. Avint-il ensi que quant Dex ot premièrement fait le ciel et les iiii éléments, à daerrains fist home, pour la plus très noble créature que il eust faite.

Si li plut que il le feist d'une matière qui mie n'estoit des plus soffissanz des autres et de celi matère, solonc auctorités, forma-il une feme tele qui mie ne plut à l'ome que il devant avoit fet. Dont il avint que quant Dex eut l'un et l'autre doné vie et sens naturel, il lor comanda sa volenté à faire et ne demora mie longues quant Adans ocist sa feme.

Issi come Adans ocist la feme première que Dex li avoit donée en Paradis terrestre, pour aucun corros dont je ci n'en doi pas faire mention, dont s'aparut nostre Sire à lui et li demanda por quoi il avoit ce fet. Il respondi : Ele ne m'estoit rien, et por çou ne la pooei-jou amer. Lors, quant nostre Sires vit que Adans l'avoit repris de sa noble faiture, si le fist dormir. Dont il prist une de ses destres costes et fist et forma la plus très bele créature qui onques fust, ne jà mès ière : Ce fu ma dame Eve, que Adans ama tant que il i parut, si come vous avez oït, que por la très grant amour que il eut à li, fu-il inobediens del fruit qu'il menga, dont nos tuit somes en paine.

Dont li aucun voelent dire que se la première feme fust demorée, que jà Adam ne fust acordés au pechié. Mais por la très grant amor que Adam eut à celi qui sa feme estoit et qui fete estoit de lui meisme, l'ama-il tant come il parut. Car li amors de li seurmonta le comandement de nostre Signor, si come autre foiz avés oï.

Por quel raisson il me covient venir à çou por quel raison jou ai fait mentions de ce que vos poez oïr aussi come jou ai dit devant. Por quel raison il me covient dire que nostre sire Dex dona à home signorie sor tote autre

créature, meismes sor la feme que il avoit faite de plus
soufissant mairien que il n'avoit fet l'ome.

Dont li escriture nous i met auques bone raisson por
quoi il le fist. Et non por quant cil qui Sires estoit de
touz forma home premièrement de quoi que ce fust, dont
il prist del home meisme, si come devant a esté dit, et en
fist la feme.

Dont je di, beaus sire et mestre, que devant come li
hom en avoit esté fais de si noble ovrier que la matère en
avoit esté mout amendée, dont par ceste raison fu la
feme faite de aussi sosfissant mairien ou de plus come li
hom est.

Et de çou ne me voist nus au devant, que ceste ne soit
voire que se la grace nostre Signor n'euist esté si granz
por quoi il vout que li hom euist signorie sour tote hu-
maine créature, que nos somes plus noblement créés que
vous, beau sire mestre, n'aiés estet, tout nous coviegne à
vous obéir empartie por le comant de nostre Soverein.

Por quoi jou di que onques Dex ne fist riens en vein.
Car il covient que cele chose qui vient de l'autre soit
obeissanz à li. Dont doit la feme obéir à l'ome, et li home
à la terre, et la terre à Deu, dont il fu créères et sove-
reins de tote créature, si come il a esté dit devant. Et
pour çou doit chascun savoir qu'il doit obéir à çou dont
il est venuz.

Por quel raisson, beau sire et mestres, jou, qui feme sui,
doi obéir à vous, qui estes hom. Si est à savoir que çou
qui bon me semblera, jou le voel metre à oevre, por moi
défendre et faire geter mes engiens contre cel arriere-
ban, que vous avez fet por moi metre à vostre volenté.

Come il soit einsi, beaus sire, chiers mestre, que vous

par reson m'aiés mostré de devant, en vostre arriere-ban,
que memorie si ait ii portes, ce sont *veoirs* et *oirs*, certes
ce m'a trop grant mestier que ce soit véritez. Car puisque
il est ensi que vous me donés à entendre qu'il est tresors
et gurde, jou doi bien savoir et veoir que vos ne autres
ne me die chose dont memoire soit de riens empirié.

Car il me samble que vos me donés à entendre que jou
tote seule sui en la vostre memoire ; de quoi vous ne poez
vous partir, solonc çou que vos m'avez fet à savoir en
vostre escrit.

LI COQS.

Ha ! vrais Dex ! dont puis que il est ensi que je sui toute
seule en vostre memoire, come jou aroie bien mes-
tier à cel arriere-ban faire que il covient à cel roi qui mie
ne pueit sosfire atout tant de gent que il en avoit mené,
que je fusse bien porveue ; et bien est mestiers, soulonc
ce que li besoins s'apert ; car jou entenc, solonc la nature
del coc, que vous m'avez dit paroles ataignans, qui bien
vos samblent nécessaires, qui boenement vouroit faire
vostre volenté. Et por çou que je sui feme et que je ne

sui mie molt très sage que ce peust avoir mestier, jou ne
sai à quel confort envoier, se jou ne preng garde à
l'ASNE SALVAGE, dont je vous ai oï parler. Car il me samble
que vous avés dit que devant çou que il a très-esragiement
faim, il ne recane onques.

LI ASNES SALVAGES.

Par ma foi! bien me doi comparer à cel asne salvage!
Car onques mès jor de ma vie jo n'euc tel famine, come
je ai à ceste response faire. Et por ce di-jou qu'il me co-
vient recaner, ce est à dire paroles qui mie ne vos soient
delitables à oïr. Car, à droit parler, recaners si n'est
autre chose que chançons sanz simagrée.

Car aussi come vos m'avez dit dou LEU, que sa nature
si est tele, que se li hom le voit premiers que li Leus lui,
il empiert son hardement et sa force; et se li Leus voit
premiers l'ome, tot aussi li hom piert sa force et devient
aussi coume tous raus, et empiert la parole. Jou di que

je meisme doi avoir bien perdue la parole, beaus sire et
mestre, solonc la raisson devant dite.

LI LEUS.

CAR jou premièrement ai esté veue de vous, qui jou doi
ceste raisson apeler Leu. Car jou puis dire mauvèsement
chose qui contrester puissent as vostres, et ce que je en
di, elles sont rechanans as vostres. Et por çou puis-je
bien dire que je de vous ai esté premièrement veue ; dont
je me doi bien garder, se je sui sage.

LI CRINÇON.

POUR quel raisson, beaus sire mestre, je ne prenderai
mie garde au CRINÇON, dont je vos ai oit parler. Car en-
core li plaise tant ses chanters qu'il s'en lest à porchacier,
et muire, por ceste raison n'est-il pas mestiers à moi, qui
feme sui, que je prenge garde à vos paroles qui ont sem-

blance de moi metre à vostre volenté, c'est à la mort qui
bien porroit avenir. Car encore me dites-vous paroles

qui couleur aient de moi traire à vostre volenté, me
semble-il bien que je ne m'i doie mie dou tout fier, solonc
la nature au Cisne.

LI CISNES.

Car vous m'avez dit que en ce meisme an que il doit
morir il chante trop volentiers.

Et Dex ! por quoi me seroie-jou besoignanz de faire çou

dont il me porroit mesavenir, soulonc la nature dou Crinçon et dou Cisne deseure dit? Por quoi jou ne doi mie estre trop ententive à curiosité del déduit de variété ; dont li Crinçons el li chisnes nous senefient la desfense, si com vos avez oï dessus.

LI CHIENS.

Por Deu! beaus mestres, molt me mostrent bien ces ii natures que je ne doi mie estre trop sorsalie, dont musars se puist lober de moi.

Non serai-jou, ançois prenderai garde au Chien, dont jou ai entendut qu'il est de teil nature que, quant il est en leu où il ait viande à sa volenté, il en prent ce que mestiers li est, et dou sorplus fait-il garnison et le womist en son leu secré ; puis quant famine li ceurt sus, si repaire cele part et le remengue.

Tout en tel manière me covient-il faire, beaus sire et mestre. Car voirs est, molt doi amer i tant d'onor, por quoi vos estes si engranz de l'avoir. Si me covient prendre garde, solonc la nature del chien, çou de bien que je porroi avoir à garder moi meisme ; et se remanant i a,

jou ne le lairai mie aler en dar, ançois en ferai garnisson,
aussi come li chiens devant dis. Si m'en aiderai au besoing,
se Deu plaist, et voel recovrer et recoverrai à men besoing
à aucun beau mot et beaus exemples, quant jou en verrai
le besoing.

LI LEUS.

POR quoi je conferme cest example de porvéance par la
nature dou LEU, qui a encore meintes autres natures que
jou n'aie encore dit, si come jou l'ai entendut de vous.

Voirs est que li Leus si me moustre encore que je doi
estre sor ma garde. Car jou ai entendu de vous, beaus sire
et mestre, que il a le cors de lui si roit, que il ne se puet
fléchir, se tout le cors de lui non ensemble. Aussi vos puis-
je dire que veritez est aussi come jou ai entendu de vous,
que nos somes auques de teil nature ; car poi poons doner
de nous que le remanant ne coviegne apriès aler. Et por
çou di-jou que jou voel la nature du chien comparer à
ceste nature du Leu.

Car or soit ensi que li chiens soit si avisés qu'il sace

que il li doive avoir mestier ce qu'il repont , me samble-il
que il ne li vient mie tant de porveance, come il fait, de
paor d'avoir defaute de famine, et est aussi come une ma-
nière de desesperance d'avoir auques.

Por quoi jou di que tout aussi ne se torne mie li leus
tout à un fait, por çou qu'il soit si rois come jou ai dit,
ançois le fait por i estre plus apareilliés, se il trovoit chose
qui grever li peust. Et tout aussi di-jou de moi, beaus
sire et mestre, que je doi bien aviser à ces deus natures de
bestes que je vos ai oï conter.

Car encore diiez-vous que je ne puis douner fors tout
ensemble. Ce n'est mie en manière que on en puist avoir
le tout chascun à par lui, mais le tout ensemble, çou est à
dire que puis que la feme est à douner, ele se doit affer-
mer à loiauté parfaite, garder le droit d'onesté et l'orde-
nement de cortoisie. Car ne doit-on entendre que nus
dons ne doit estre fais, se toz ensamble non.

LA WIVRE.

Por ceste raisson, beaus sire mestre, vous voel-jou cer-
tefiier que molt seroie ore fole, se je vous otroioie sans

plus de parole, quant jou n'ai cuer ne volenté por quoi jou doie riens faire à vostre requeste, solonc la nature de la WIVRE. Car encore ai-jou entendu por vous que la wivre si court sus l'ome vestu et dou nut ne s'aseure. Cuidés-vous que je vos ceure sus, por ce que vous dites que vos estes vestis de ce que vous m'amés? Ne vous ai-je mie vesti de m'amor ; ançois en i estes encore bien nus : et por ce ai-jou poor de vous ; si n'est mie merveille solonc la nature de la wivre deseure dite.

Et encore conferme ceste chose la nature del SINGE.

LI SINGES CHAUCIÉS.

CAR vous m'avez dit que li Singes violt faire ce que il voit faire. En non Deu ! ce ne puet avoir mestier à moi. Car puis que je verroie que vous ne autres tenderoit ses laz por moi prendre, jou seroie fole se jou aproismoie. Car boen fet i estre nus piez. Et jou ne puis mie croire que nus soit si fols qui ce feist, come vous dites que li singes fet, pour tant que il seuist l'aventure.

Par ceste raisson que je voi, sire et mestre, je di que vos avez vos las tendus por moi prendre, si me couvient

faire solonc la nature au CORBEL, que vos dites qu'il est
de teil nature que, devant çou que li corbeillot ont noire
plume, aussi come il ont, ne les paistra ; tout autreteil vos
pui-je dire que je seroie contraire à vostre volenté et vous
à la moie. Et dont, puisque nous nos descorderions d'abit
et de volenté, je n'aroie jà fiance que nule bone norre-
çons en peust nestre, coment que vous vos acordissiés à
mi.

LI CORBIAUS.

ENCORE diiés-vous que li corbeaus autres natures ait, por
quoi jou le doie mius faire. Et il me samble que de
tant come vous dites que li corbiaus prent l'ome par les
iols et par là en prent la cervele, que il est contraire à ce
que vous dites. Car encore prendie amors par les iols, ne
s'en suit-il mie par cesti raisson que li corbeaus resamble
amors, ainçois doit-on comparer les iols dou cuer à haine.
Car de tant come li hom saive miols des membres qui
mestier li ont, et on li tout ce premiers, on le doit tenir
à haine.

Et por ce que jou entent de vous, sire et mestre, que li

sens del home et de la feme gist en la cervèle et li corbeaus li tout la veue, je di que tieus nature n'est mie signes d'amour, ançois le doit-on comparer à haine. Et jou meisme de mon sens ne le compère mie à amor, mès à fine desloiautet.

Por quoi jou di que je prenderai garde à la première nature dou corbeau devant dite. Car devant çou que je saroie que vous vos acorderés à moi, jou ne m'acorderoi à vostre requeste. Car la nature dou LION me mostre bien que je ne m'i acorde mie si come vos m'avez apris.

LI LIONS.

CAR jou entent que quant li LIONS mengue sa proie et aucuns hom passe devant lui, pour tant qu'il le regarde, que li lions li ceurt sus et le deveure. Dont di jou seurement, que jou ne regarderai mie çou qui devorer me puet, ne qui porfit ne m'i peut porter. Ainçois me trairai de cele part où je sarai miols que mes avantages iert. Car à tel lion regarder voi-je bien qu'il a poi de porfit.

Mès sans doute en autre manière ai-jou bien avisé que

qui regarderoit à l'autre nature dont vous m'avez fet mention, que ce ne seroit mie folie. Car qui seroit si sage
que ele peust metre à point aucune chose qui mie ne seroit bien dite ou faite, por coi hom ou feme qui vausist se
tenist bien apaiet, bien iroit li afaires. Car il sont molt de
celes qui de tout, quanque mestiers seroit, ne sont mie
avisées de parler et dient aucune foiz resons ou paroles là
où on note mal ou vilenie.

Por quoi il covient avoir sens et langue à çou metre à
point, se il avient que on en soit repris. En autel manière
come li lions devant dis qu'il seit de sa nature, que ele n'a
mie samblance qu'ele puist venir de bone engenrure et
que aucune maise souspeçon i porroit avoir ; si ceurt à
çou que ele le forme à la langue, à sa semblance, et fait
tant que il i a ymage de vérité et de bone engenreure.

Par seinte Croiz ! beaus sire mestre, or saciés que qui
seroit bien avisée de ce que je ai ci touchié mie, ne seroient li auquant si asseuré come jou entenc qu'il sont.
Mès les paroles qui ont pluseurs senefiances si destruisent
les non sachans. Por quoi jou vos di que se il avient que
dire me covient aucune chose que je n'aie bien conciut, ce
est à dire bien pensé, que je voise entour, et le metie à
sens et à raisson par boine doctrine que je puisse aprendre
en vos dis.

LA MOSTOILE.

DONT ore me sovient à cesti chose que jou ai entendut
que la MOSTOILE si conçoit par l'oreille et faone par la
bouche. Certes de ceste nature de Mostoile voel-jou bien

qu'il me soviegne. Car conçoivres par l'orelle et faoner par
la bouche est granz senefiance. Car jou di que conçoivres

si est une chose qui mout fait que on ne conçoive chose
dont on n'ait au phaoner à sousfrir.

Ha Dex ! come li auquant i deveroient bien prendre
garde ! Car tel gent i a qui conçoivent par eus meismes
aucunes choses que il oent, dont li enfanters est si griés
et si perilleus que merveille. Car li aucun getent teil pa-
role hors, dont miols venroit que il le portassent tant que
il en crevassent à fines certes.

Car veritez est que pis ne puet li hom faire ne la feme
que de son phaoner, c'est de dire chose qui n'est covi-
gnable et dont nus roiaumes puet estre destruis. Dex ! si
en ai teil paor, que je ne m'en sai mie bien conseillier.
Car je di que se il est chose que jou die aucune parole
que jou aie conciut par l'oreille, jou me doute molt que
ele ne portie venim et que morir ne la coviégne.

Aussi que on compte des faons à la Mostoile, que quant
on li ocist ses mostelos et on li rémet arrière en son liu,
que la mère seit de sa nature que ele les resuscite.

LA KALANDRE.

ET certes ce ne poroie-je faire. Car jou ne l'ai apris. Si me covient estre seur ma garde, miols que se je fusse aussi sage come la KALANDRE, dont je vos ai oit conter. Car jou ai entendut que ele est de teil nature que ele seit quant uns malade doit guérir ou non. Si come jou ai entendut, que quant on la porte devant un home qui se gist malades, se il doit morir, il retornera sa chière à l'autre leis, et ne volra pas regarder, ançois l'esquivera et tornera sa chière

d'autre part. Après se il avient que li malades doit respasser, elle l'esgardera merveilleusement enmi le vis.

Por ce di-jou que se je fusse aussi sage come la
Kalandre, jou n'eusse garde de cel faouner, quaique fust
dou conçoivre. Ha ! vrais Dex ! gardés-moi de conçoivre
chose qni me soit perilleuse au faoner ! Car jou en ai tel
paor que je jamès n'en serai bien asseurée. Et sans faille
je m'en garderai, se je ne sui aussi fole come est cel qui
s'endort au chant de la SERAINE, si come jou ai de vous
entendut, beaus sire et mestre.

LA SERAINE.

CAR vous m'avez dit que Seraines si ont nature de dece-
voir. Por çou je di que je ne seroi pas aussi fole come
est cius qui s'endort au douc chant de la Seraine, si come
devant a esté dit. Je me porroie bien tant fier, sire
mestre, en vos beaus dis, que je seroie tost périe. Si me
convient prendre garde a l'ASPIS dont vos m'avez fet
sage.

LI SERPENS ASPIS.

CAR aussi come vous dites que il garde le bausme qui degoute d'an arbre, et que on ne le puet engignier par nule force d'estrumenz, que tos jorz n'ait l'oreille porveue par quoi on ne le puet endormir, que il n'ait l'ueil à ce que il viut garder ; tout en autel manière me covient-il faire, et covient que je prendie garde à lui, en manière que je soie soigneuse de ce que jou ai à garder. Et covient que je soie porveue tout aussi com il est. Et vraiement c'est voirs que poi se puet-on garder ; hui est li jorz, que en aucune manière on se voit deciut.

Por la quel chose jou, qui feme sui, prenderai garde à cel Aspis, si que je ne soie mie deciute.

Tout aussi come li TYGRE est par le mireors.

LE TYGRE.

CAR je voi bien et sai que tout aussi come on gète les mireoirs par devant le Tygre por lui aerdre, que tout

aussi faites-vous moi. Car vous me dites paroles qui plus
delitables sont à oïr que tygre à veoir, si come deseure est

dit ; et bien sai que il ne vous chausist qui i perdist, mès
que vostre volentés fust faite !

Voire par Deu ! Mès se je estoie tèle que je m'i aersisse,
je auroie bien mestier de la vraie PANTÈRE !

LA PANTÈRE.

CAR il me samble que je ne me porroie mie aerdre à vous,
en quel manière que ce fust, que je ne fusse blécie. Dont
je me douteroie mout que la Pantère ne m'en fust mout

estrange. Car je ai oï conter que ele est de teil nature que
quant aucune beste vient à li, qui est blécie et malade, que
la vraie pantère le garist de sa doce alaine.

Par Deu! ci a sovrainne miédecine! et bien fait tieus
beste à amer! Car je sai vraiement que il n'est riens qui
soit en cest mont qui plus face à douter, come douce parole
qui vient en decevant.

LI UNICORNES.

ET si quic bien que contre li se puet-on pau garder :
Nient plus come on fait del UNICORNE, dont jou ai enten
dut de vous que à li ne se puet contrester haubers ne escus,
fors tant que prisse est, par la decevance, à la vraie Virge.

Par ma foi! de ceste Unicorne me douteroie-je molt :
car je sai bien que si trenchans chose n'est come beaus
parlers. Car à droit parler, nule chose ne puet si tost un
dur cuer percier, come douce parole et bien assise !

LA GRUE.

ET por ce, beaus sire mestre, aroie-je bien mestier que je fusse aussi sor ma garde, come jou ai entendu que la GRUE est. Car vos paroles si ont piez et meins et semblance tout vraiement, que nule raisson ne doit avoir de vous escondire chose que vous voelliés. Et non por quant m'enseigne la Grue aucque je del tot ne me doi asseurer en la chose del monde qui plus se fet créable. Nient plus come la Grue, qui vole par l'air, s'asseure, que quant ele joque par terre, elle met petites pierres en un de ses piez, por ce que elle est sor l'autre piet. Et quant elle somelle, les pierres voelent cheoir. Dont sera faite por le miols véiller, c'on ne la puist deçoivre, ne sosprendre.

Certes molt font à proisier bestes où il a si très noble sens, qui si se porvoient de ce qui grever lor puet.

Dous Dex ! come on doit l'ome et la feme prisier qui contre la mescheance aperte se sèvent porveir, et encore plus de celui qui obscurément est à avenir ! Et çou nos est bien senefiet en la keue dou PAON, si come jou ai entendut devant.

LI PAON.

CAR voirs est que keue, de tant come ele est à avenir, çou est par arrière, si senefie que bien est aparant que tout cil qui vont par chemin ne sont mie del tout asseuré des malvais ; et qui de ceaus se vorroit garder, il n'iroit mie seus, ains iroit bien porveus. Car li hom porveus n'est mie si tost deceus.

Ha Dex ! qu'ele est ore ceste porvéance ! En non Deu, bien me mostre cele keue de Paon, où il a tant d'iols, que il se covient garder en plusieurs manières, solonc ce que plusieurs oeil nous sont en la keue senefiiet et mostré.

Car il me samble que deseure et desous, et d'en costé et de travers, covient veoir, qui bien se viut porveir ; et sans faille, bien m'acort à ceste chose que raisson i ait que qui ne viut estre seur sa garde, aussi come la Grue devant dite, que il i perde. Et Dex coument ? En non Deu, bien le me mostre encore li LIONS.

Car je ai entendut que quant on le chace por force de gent, il coevre et desfet de sa keue la trace de lui ; par quai on ne puet percevoir que il i ait de rien esté.

Biaus dous Dex ! come a ore ci noble beste, qui çou seit

faire de son sens. Par ma foi, dont me samble-il que s'il avenoit que, par aventure, il eust aucune defaute qui en moi fust, ou par force de parole qui me sormontast à dire ou faire chose qui desresnable fust, que je presisse garde à la keue dou paon et esgardasse de quel leis jou en poroie mius estre empirie ne i estre amendée.

Et se mal, ne mescheance i pooit avoir que je fusse aussi sage come li lions qui coevre ce que grever li puet ; aussi le me deveroit-on tenir à sens, si je ne faisoie chose qui bone ne fust, que avant que jou i perdisse le moitié, le mesisse à point, ançois que on s'en peust perçoivre.

Car à tart se repent qui tant atent qu'il n'i a point de recovrier. Car qui auroit autant d'iols come il a en la keue dou paon, et si veist aussi cler de chascune, come de cent, et puis ne fust soigneus aveuc çou, si porroit-il molt bien perdre.

LI ARGUS.

Aussi come jou ai entendu de ARGU, dont vous m'avez fet mention, que il avoit cent iols, et parmi tout çou, fu-il decius et mors, si come devant a esté dit.

Et sans faille que je croi que se cil Arguz eust esté
aussi sages come li ARONDE, si fust-il mors solonc çou
que il iert pau soigneus Car bien est apareut que par çou
qu'il veoit que cil l'endormoit des iols deus et deus, que
il li endormiroit de toz cent.

Car si come jou ai entendu de vous, beaus sire mestre,
que li Aronde si est d'itel nature que quant il est aucuns
qui lors arondeaus crieve la veue, que la mère seit de sa
nature qu'ele leur rent. Dont je di que veoirs n'i a mes-
tier, sans autre chose.

En non Deu, c'est voirs. Et quele est-ce ? Par ma foi, je
ne sai, se ce n'est curiosités, çou que on soit soigneus de
metre à oevre ce qui mestier puet avoir au besoing. Et
Dex, quels est ore li besoins ? en non Deu, ce est que on
se gart de la mort, ce est que on ne perde s'onor. Car qui
s'ounor piert, il est bien morz.

Certes c'est voirs ; et qui morz est, pau i puet avoir
de recovrier ; car chascuns si n'est mie faons à la mous-
toile, ne poucins au PELLICAN, dont vous m'avez fait men-
tion.

LI PELLICAN.

CAR jou ai entendu que li Pellicans si est d'iteil nature,
que quant il avient que il a ses poucins ocis, que il les
resuscite. Pour la quel chose jou di que tout ne sont mie
faon à la mostoile, ne poucin au pellican. si come jou ai
dit desus. Dont me samble que il seroit mal asseur en son
veoir, se on n'iert soigneus, avec ce, d'autre chose.

Biaus dous Dius ! com ce me samble bone chose de

parfete porveance ! et come il a à faire qui bien viut estre
porveus ! Car il n'est riens vivans, tant soit bien porneus,

qui ne doive avoir dote des mescheances qui tant font à
douter.

Car je entant que quant il est aucuns qui fait aucune
chose por le miols, et que il ciude avoir si faite sa que-
rele, que nus ne la puist destraver, si vient aucuns mal-
faitieres et destrave celui. Por quoi il le met en grant
paine, avant que il soit repairiez.

LI ESPICS.

Aussi come jou ai entendu de l'Espiec, qui fait son nit
en un crues del arbre, où nus oiseaus ne puet entrer, se
il non. Dont vient aucuns musars, por lui destorber, et
estoupe son nit. Cil, qui mie ne viut perdre ce qu'il a feit,
quiert une herbe qu'il conoist de sa nature, puis le touche
à la chieville et ele saut hors.

Jou aie dehé, sire mestre, se mout ne fait ore cius oi-
seaus molt à proisier, que de son sens seit cele herbe co-

noistre. Et si je d'autre part ne tenroie celui à sage, qui
de son sens se sauroit reskeure, quant il li avenroit chose

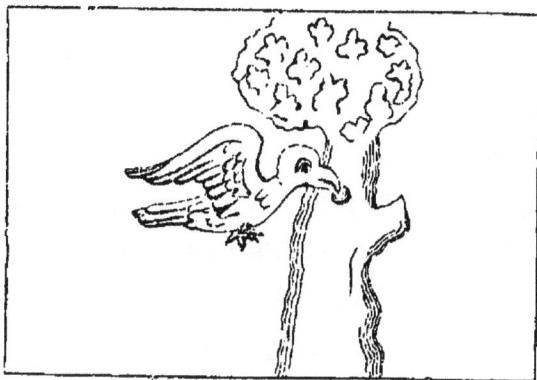

descovignable, aussi come deseure je vos ai oït dire que
il sont une manière de gent qui sont de la nature Aronde.

L'ARONDE.

Car vous dites que quanque li Aronde fet, c'est en vo-
lant. Et par Deu! Voirement est-ce bien voirs que mout
de gent sont, qui sont de ceste nature! Car quant il s'em-
batent en un liu et font aussi que il n'i adoisent, et voelent
de tout savoir et aprendre; ne jà d'iaus ne pora-on nient

savoir. Et se nus lor demande riens, il n'en diront li verité, ainçois en diront le contraire, et iront variant en tour une eure arrière, l'autre avant ; si que quant on les cuide avoir pris à une verité, ce est toute fable, et sont tantost en une autre raison.

En non Deu , sire mestre, de tieus ai-je veus ; si s'en feroit bon garder qui porroit. Car il prendent d'autrui et il ne pueent estre pris de nului, ne de nu' oisel de proie, se ce n'est par sospresure. Mès ce saciés que il n'est riens que on ne puist prendre, qui paine et traisson i vorroit metre.

LI HYREÇONS.

ENCORE m'aiés vous dit DEL HYREÇON, que il est si pleins d'espines qu'il point de toutes parz, ne si ne puet estre pris que ne soit en poignant.

Par Deu ! c'est bien voirs. Car aussi sai-jou bien que il sont molt de ceaus qui estre ne pueent pris, que ce ne soit par espines. Mès toutes eures, sont-il pris et retenu, coment que ce soit. Si voudroie bien que celes qui tieus

gens tienent, que il fussent si très fort tenu que lor aguillon
lor rentrassent ou cors, par coi il en morussent à fines
certes. Et sans falle que je croi bien que tieus a mout de
douces paroles en lui, qui molt seroient aspres et vilaines,
se il avoit çou que il chace.

Tout aussi come li CAS qui a ore mout simple cière et
del poil au dehors est molt soves et molt dous. Mès es-
traindés lui la keue, il getera ses ongles fors de toz ses
IIII piez, et vous deschierra les meins, se vous tost ne le
lessiés.

Par Diu, tout aussi cuic-jou que tieus se fait molt dous
et dist paroles, par coi il vorroit estre creus, et que il
vorroit avoir sa volenté, que se il en estoit venuz au
deseure, et on ne li feist du tout sa volenté, qui pis feroit
que li *Chas* ne peust faire ; et bon se feroit de tieus guei-
tier, qui porroit. Et sans faille, solonc ce que li Aronde,
ne li Hireçons ne se pueent garder, que toutes voies ne
soient-ils pris, coument que ce soit, si me douc molt co-
ment que je soie porveue.

Car jou ai molt très grant doute del CAUCATRIX dont je
vous ai oit parler.

Car encors diiés vous que quant il a soupris et dévoré
celui qui il viut avoir, et puis après le pleure, et en est
dolanz, ne puet-il nient valoir au dévorer. Car voirs est,
après la mort, n'i a point de recovrier.

Et por ce, di-jou, que je me doi molt douter de cel
Caucatrix. Car se jou estoie déceue d'aucun qui de moi
eust sa volenté, à çou que perdue eusse m'onor, pau me
porroit valoir pleinte que nus me peust faire. Car adont
sai-je tout, de fit, que poi seroi prisie. Et sai de voir que
tieus me tient ore en grant honeur et en grant revé-

rence qui adont se gaberroit de moi. Et adont me parti-
roit li cuers et morroie mius que ne fait li *Caucatrix*
que li Ysdres deçoit, ensi come devant vous avez dit.

Car por coi est-il voirs que li desesperés est plus legiers
à decevoir que cil qui bien a son sens à lui. Et por ce
que je l'ai entendu de vous, sai-je de voir que se il
avoit en moi chose dont je fusse mise au desous, que il
venroit aucuns qui sor moi auroit envie eut, et me dece-
roit à çou que il auroit de moi sa volenté ; dont puis me
tenroit en teil viuté et en teil despit, come jou puis bien
savoir.

L'YSDRE.

HA ! beaus dous Dex ! Gardés-moi de cest Caucatrix.
Car certes jou en ai teil paor que je jamès n'en serai
asseurée. Car en non Deu ! je ne sui mie de la nature à
l'YSDRE. Car vous m'avez dit que quant on li coupe une de
ses testes, si l'en revienent deus.

Et certes çou ne me porroit avenir. Car qui me torroit
m'ounor, jamès ne me le rendroit-on ; ançois me covien-
droit faire aussi come jou entenc que la SERRE fait.

LA SERRE.

Car il semble que la Serre siut la nef qui va par haute mer et se viut esprover à çou faire, dont ele ne puet à chief venir.

Tout aussi sai-je de voir que se je estoie prisse, aussi que molt en i a, que il me coviendroit faire aussi que il ne me fust riens avenut, chose dont jou fusse empirie ; et me volroie covrir ; et quant meins se perceveroit-on de moi, et dont plus me voldroie faire créable et despiter celes qui il seroit mesavenut por covrir mon malice. Voire, par Deu ! Mès en la fin coviendroit la vérité veintre et metre jus mes fauses èles, qui contre verité ne porroient durer à la longue, nient plus que li vens puet recroire la nef, que toz jors ne voist-ele sa voie, tant que euwe li dure.

En non Diu, ce ne puet mie faire cius ne cele qui tel chose viut faire come jou di. Car savoir covient l'orguel des genz et la vie qu'ele ele est, ou bone u malvaise. Et por ce di-jou que quant jou ne porroie plus celer ma folle entrepresure, que je seroie aussi abaubie come la Serre qui se plonge jusqu'al fons de la mer.

LA TORTERELE.

Ammi lasse! que porroie-je dont devenir? En non Deu, dont porroie-je bien dire que il me coviendroit faire aussi come la chetive Torterele fait. Car jou ai entendut de vous, beaus sire mestre, que il avient que se la torterele piert son masle, ele n'aura jà puis autre, ançois le pleerra en tel manière que jamès ne sera seur verdure.

Par ma foi, tout aussi sai-jou de voir que se il m'estoit mesavenus, que jamès jolieté n'auroit en moi, ne nus n'en auroit mès cure. Et s'ensi estoit que jou paine i mesisse, si diroient li aucun : Véés ore coment cele fole se revenderoit, s'ele trovoit à qui?

Aïuwe! Dex aïue! Coment seroie-je dont tele come je vois ore ci disant? Par seinte croiz! jà, se Deu plest, einsi ne m'avenra, ançois serai sage et me garderai de mesprendre; por quoi je ne serai mie si pereeuse come la Pertrix dont je vous ait oït parler.

LA PERTRIX.

CAR jou ai entendut que quant la pertrix a pus ses oes, que une autre li emble ses oes et les keuve. Dont il me samble bien que ce est par aucune defaute qui en li est, por quoi ele ne puet mie endurer la paine dou couver, ou que il li samble que ele ne les puet perdre, que il ne repairent à son vrai cri.

Et tout n'i ait nule de ces deus raisons, si sai-je tot de voir que nule bone ocoison n'i puet avoir por quoi ele ne les keuve. Car jà tant ne les amera que se ele les avoit couvez.

Tout aussi puis-je dire de moi que se je ne me paine à çou que je me teigne priès, et recoupe aucunes volentez, ou aucunes contenances, qui boenes ne soient mie, que mi oef me porroient bien estre emblé, çou est à dire les bones paroles et les bones resons que je ai entendues des natures d'aucunes bestes, qui bien m'aprendent que je garde ce que je ai à garder. Car jà mès compleindres ne m'i auroit mestier, que point de recovrier i eust, tout l'ait la pertrix. Et sans faille encore n'est mie la pertrix si fole, come jou entenc que li OSTRISSES est. Car il ne

demeure mie en lui que de lui meismes soit jamès bone
novele oïe.

L'OSTRISSE.

Car il m'est avis que jou ai entendut que quant li Os-
trisses a pus son oef, que jà puis le doive regarder.

Mal dehet aie-jou, se mout ne fet ore grant vilonie et li
solous grant cortoisie, quant de sa chaleur le soceurt et
keuve. Par coi il n'a garde de perdre.

Ha mestre ! Come jou cuic que se je m'afioie en vous,
aussi come li ostrisses s'afie ou soleil, que vous le me co-
veriés malvesement. Mal dehet ait qui en vous s'en fieroit,
encore vous en faciés-vous si vrais !

Et si ne sui-je mie ore bien aprisse, ne bien cortoise,
quant jou en ai tant dit; car sans faille encore ne vous
ai-je mie mout deveü, et si en ai ore tant dit. Por coi
je di que il ne me samble nule si très grant folie come de
folement parler.

LA CHUIGNE.

Car solonc ce que jou ai entendu de la Cuigne que quant ele a norris ses petis cuignons, tant que il sont grant, et ele meismes est si vielle, que ele ne puet mès voler, que si poucin ne le renorrissent et li sacent de ses èles les pènes viés, si que il li revienent novelles, et metent si grant paine à li revestir come mervelle.

Aïue Dex! porroit ore nient avenir, sire mestre, se je vous faisoie aussi que vous çou deusciés faire de moi, se le mestiers en estoit o vous; ce m'avez fet à savoir. Mès par celi foi que je doi au roi omnipotent, encore ne sai-je mie la menée que je le doive faire. Jou ne sai se je jamès le ferai!

LI AIGLES.

Car folie seroit de jurer chose que on ait à passer. Car encore me douté-je molt d'une chose dont il me

samble que poi sont de gent qui n'en aient leur part : ce
est orguis, que vous avés comparé à l'*Aigle*, en manière

que vous m'avez dit que quant li aigles a trop lonc bec,
que il vient à une dure pierre et brisse ilueques son bec :
dont li revient uns noviaus et s'en aiuwe à sa volenté.

Por la quel chose, jou revieng à çou que vous avez
comparé cel orgueil au bec de l'aigle. Et sans faille, je di
tout por voir, que au meins li orguis est boens, tant c'on
en garde ce que on doit. Et non por quant tienent au-
cune gent à orgueil çou que honestez tient à humilité ;
et ce nous est bien senefiet en aucuns lius. Car je dit tot
vraiement : que se je voi aucun qui me porte compaignie
ou face beau samblant, por aucune chose qu'il voelle avoir
de moi, ou que il li semble que de moi tenir compagnie soit
tant amendés que il le voelle faire, et raissons me monstre
que je mie n'en puisse amender, mès ancois empirier,
dont me mostre raissons que humilitez seroit empirie, se
jou ne metoie au devant une roque de crualté, que aucun
apelent Orgueil.

LI COCODRILLE.

Et por ce sanz faille ne l'di-je mie que jou d'orgueil n'aie plus que mestiers ne me seroit, à çou que jou ai entendut de vous. Et si ne sai mie que solonc çou que vous m'avez fait mention en vostre requeste d'un Chocatrix, qui est apelez par son droit non *Cocodrilles*, dou quel vous m'avez dit que quant il mengue, que il muet la joe de seure, et celi desouz tient toute coie, que çou ne soit sans aucune raisson. Et non est çou, car tieus est sa nature. Aussi puis-je bien dire que se il avient que je aimoie par amors qui que ce fust, que solonc la nature dou Leu que je le diroie ore molt à envis à celui qui aproismier m'en volroit, solonc ce que li besoins toucheroit.

Mais là où jou ne porroie estre empirie ne prisse, solonc la nature dou Singe. Car je sai bien que molt me feroit de bien, se jou avoie aucune chose dont je ne volroie mie que toz li mons en fust sages, et jou en parol à mon conseil, dont il me samble que tout ne soit-il celé. Si ne me puet-il mie tant faire de mal, come il me fait de bien.

Et por ce di-jou que ce n'est mie parlers à rebours. Mès ce seroit bien parlers à rebours, se je disoie chose à nului, dont il me vousist traire en chause et mener mestire sor moi. Car molt bien se demostrent amors là où eles sont. Si que li parlers, ne li discourirs amie à son amant, ne amans à s'amie, n'est fors parlers à rebours.

Jou ne di mie que bien n'ait raisson de dire amie à son amant : « Il me plest bien que toute li honours et toz li biens que vous poez fere soient en mon non. » Et cil à l'autre lès, doit dire : « Dame ou damoiselle, je del tot sui sanz contrefaire à vostre volenté. » Mès de dire : « Douce amie, jou me duejl ou je me muir por la vostre amor ; se vous ne me socorés, je sui traïs et me morrai. » Jà par Deu ! puis que il se descouverra ensi, jou n'i auroie point de fiance ; ançois me samble que tieus chose soit mengiers à rebours : ne je nule fiance n'i auroie en teil amant.

Mès solonc la nature del SINGE CHAUCIET, c'est à dire en celui qui n'aroit point de pooir de dire chose qui vausist, en celui aroie-je plus grant fiance que en toz les autres. Car il me samble tout vraiement que cil qui de paroles se fet si dolereus, que ce sont cil qui on doit apeler par droite raisson DRAGON. Car si savent flaeler de la langue, que les fole chétives decoivent, et les mètent au desoz, par leur flaeler de lors langues.

Ha ! vrais Dex ! Come est ore granz malisces, et que cis dragons fet à resoignier ! et come jou vouroie que nule ne s'i fiast, devant çou que il en seroient teil atorné que il dient !

LI OLIFANS.

EN non Deu ! je vouroie que eles fussent toutes aussi sages come jou entenc que la femele de l'OLIFANT est. Car jou ai bien entendu que ele se doute molt de ce dragon, si que quant ele doit faoner, ele se met en une ève, où il a aucune ille ; et là endroit faone, por la doute que elle a de ce diable de Dragon.

Car jou ai entendu que sa nature si est si chaude que nient plus come li feus ne puet grant plenté d'aigue soufrir, ne puet cil dragons sousfrir. Et por çou que la femele le doute, se met-elle là. Et encore n'est-ele mie asseurée, se li malles n'est à la rive, por li desfendre la voie, se il i viut entrer.

Tout aussi vorroie-je vraiement que totes se gardassent aussi come fet cele Olifande. Car que quant uns venroit qui si feroit le destrauet, et puis li deist-on une chose que il feroit plus à enuis et dont meins de damages seroit, dont se il le faisoit, si feist-on à l'avenant. Mès ensi n'i a mie, ançois jà de teles qui croient quanque eles oient et de çou que eles voient se taisent.

LI COULONS.

Par ma foi, encore le nous senefie bien li COULONS, so-lonc çou que je ai entendut.

Car il me semble que ce est uns des oiseaus del monde qui plus grant poor a à ce que il ne soit pris. Et por ce di-jou que il est à mervelles sages et soutis, solonc ce que jou ai entendut. Car il me samble que por ce que il se doute que il ne soit pris et deceus, il s'asiet trop volentiers sor ève, por la raison de çou que aigue si a nature de mireoir, et voit li coulons par la nature de l'aigue se au-cuns li viut fere mal, meismement oiseaus de proie, soit faucons ou espreviers. Por quoi il voit l'ombre des oiseaus en l'ève de loing, et s'en va par çou à garant.

Por çou n'est riens qui soit el monde qui vaille por-veance. Et sanz faille mout est merveilleuse chose d'aigue qui nous done teil avis, et li coulons qui nous aprent que nos soions sor iau, se nous nos doutons de riens. Meisme la Olifande aussi qui nos mostre que nos soions sor no garde, quant ele se doute si de cel diable de dragon. Et certes

li uns et li autres ont droit ; car molt font à resoigner ces
deus choses. Li dragons por sa langue si est envenimés
que il en ocit toutes bestes que il en atouche.

Ha ! mestres, en avons-nous nul entor nous de tieus
dragons ? Veraiement jou cuic et sai que si avons ; et
bien sai que il valent pis que ne fait cil dont li Olifans se
doute ! Et vous dirai bien qu'il sont et comment ils valent
pis. Aussi com jou ai dit dessus de ciaus qui si se font
dolereus que il muerent, et sont à trop grant meschief, jou
di vraiement que tieus dist qu'il se muert d'amours, que il
n'en seit neis, come je fac, qui bien en sui delivre, grace
Dieu.

Et di tout hardiement que il si valent pis que ne fet li
dragons devant dis. Car il n'envenime se celui non que
il a touché. Mès cil envenime celui qui il fet entendant
por s'orde vius langue envenimée. Ce dont il volroit avoir
sa volonté de celi qui il covoite com bien que ele en fust
empirie. Et a-il plus ? Certes oil ; car se plus n'i avoit,
dont iroit bien li afaires. Mès li malvès dragons, li fel cul-
vers, si vient et s'en vante de meintenant que il a fete sa
volenté de celi. A ore ci malvès dragon ! Certes, je di de
cestui dragon n'est nus hom vivans qui trop cruel venjance
en peust avoir.

Et Dex ! que peut ore avenir de ceste vantance ? I puet
nus perdre autre que la dolente deciute ? En non Dieu !
Si fet. Car je vous di que après ce que cil s'est vantés
vient, ele si se desespaire et dist que par bone foi que ele
ne sera seule deciute, ançois venra cele à une autre et
l'aidera à decevoir, et cele meisme la tierce, et la tierce
la quarte, et la quarte la quinte.

Et bien le vos est senifiiet par ceaus meismes qui

prendent les oiseaus. Car jou voi que quant il en ont au-
cuns pris et decius, que ciaus meismes font lor muete ;
et vienent li autre à ciaus meismes, ere cil les mainent à ce
que il sont deciut. Et tout est principaument par ce deable
de dragon !

Li seconde chose qui molt fet à resoignier, ce est cis
deables d'oiseaus de proie, qui si vient en sortant que à
paines est nus que il ne sousprendie. Ce sont cil clerc
qui si s'afaitent en cortoisie et en lor beles paroles, qu'il
n'est dame ne demoisele qui devant aus puist durer, que il
ne voellent prendre. Et sans faille bien m'i acort ; car en
iaus est toute cortoisie, si come jou ai entendu, et après,
sont-ce li plus bel de coi chascuns fet plus volentiers clerc
que d'autre ; après il sont soutie en malisse et souprendent
les non sachans. Por coi jou les apele oiseaus de proie, et
s'en feroit bon garder qui poroit.

Ha, dous Dex ! coment s'en poroit-on garder ? Et quele
est ore la garnissons que il covendroit contre leur malisse,
aussi come li coulons se garnist contre çou qui grever li
puet ? En non Deu, ce est de prendre garde à l'ASPIZ, dont
j'ai parlé desuz. Car encore n'i voi-jou riens qui miols i
vaille. Car je di que qui lor paroles ascoutera, il covient
que il conçoive par l'orelle ausi come la mostoile, dont
devant est dit. Mès cil concevoirs si vaut pis que nus au-
tres ; car de lui ne faoune-on mie par la bouche, ainçois
en covient morir en la fin, aussi come du dragon, dont de
seure est dit. Et qui ensi en vorroit ouvrer, autel fiance
i pora avoir come on puet avoir en la BALAINE, dont je
vos ai oït conter.

LA BALAINE.

CAR ce est voirs que la balainne si est uns poissons qui molt est granz ; et bien croi que cil qui vont par haute mer cuident que ce soit aucuns isliaus. Et cil qui sont lassé et debrisié si ont mout grand desir de aus reposer et refroidier. Lors quant il voient cele balaine, dont cuident ce qui estre ne puet et se metent hors de lor neis.

Cil qui cuident estre seur, voelent aucune chose faire qui n'agrée mie à la balaine. Por coi elle se met au fons de la mer, à tele eure que ele noie ceaus qui de li estoient asseuré ; et li meisme s'ocit. Car devant ce que elle est blecie ne se muet-ele ; ançois entre li ève et li sans en la bléceure, par quoi ele vient à rive, et là le prent-on par celi ochoison.

Tout autretel puis-je dire de celes qui cuident d'aucuns clers qui sont simple en maniére ; et si merveilleusement semble que bien s'i puet-on fier, que meintenant si aerdent à escouter leur paroles et s'i délitent tant que li uns et li autres sont pris et se metent dou tout au desous. Li clers en piert à estre porveuz de seinte églisse, là où il

seroit chanoines ou évesques, et la demoisèle auroit ı che-
valier gentil home, dont ele seroit à honor et deportée
plus que de celui qui de teil richesce n'a mie.

Ore, beaus sire, me loeriés-vous nient que je m'asseu-
rasce peu en c'est FAUCON qui si tost descent à sa proie
que on ne seit l'eure de mot, qu'il est descenduz de demie
liue de haut, et done le coup mortal à celui qui garde ne
s'en prent. Ah! Renart! Renart! come vous n'avez la langue
mise hors sans aucune raisson! Et sans faille, sans au-
cune raisson, n'est-ce pas? Car je cuic bien que se il
n'eust fain, que jà ne se meist en tel point que il se met,
ainsi come jou ai entendu.

LI GORPIUS.

Car vous m'avés fait entendant que quant il a fain, que il
se toelle en une rouge boe; puis se couche, gueule baée,
et tirant sa langue fors, si fait aussi que il soit mors. Les
pies qui cuident que il soit mors, vienent entor lui et le
debèchent, et tant que eles bèchent en la langne. Li re-
nars, qui son coup gaite, gète les dens à eles et les prent
par tele ochoison.

Por çou di-jou que il ne tieus seroit que il se meist eu
tel point, se famine ne li fesoit feire.

Par Deu, mestre, tout aussi ne cuic-je mie que vous eus-
siés dites teles paroles que jou ai entendues, se il n'i eust
aucune raisson, fust de mi ou d'autrui, por quoi vostre fa-
mine fust rasasiée. Mès granz malices est de lui fère ma-
lade, ne mort, de ce dont on ne seut fors les frichons.
Et sanz faille, que encore ne doit-on mie croire, que fri-
chons i soient.

LI VOUTOIRS.

QUANT ore me sovient del VOUTOIR. Car jou ai entendu
de vous, beaus sire et mestre, que li voutoirs si est uns
oiseaus qui vole par l'air et est de teil nature que il vit de
charoignes ; por la quel chose il suit volentiers genz qui
vont en ost. Pour ce que il seit de sa nature que il i aura
chevaus ou genz morz. Et aveuc tot ce a-il autre nature ;
car je ai entendut de vous que il sent une charoigne d'une
jornée de loin, ja soit çou que il n'ait famine en lui.

Aussi cuic-je que vous soyez de sa nature. Car tant de

gent ont à vous a faire, et vous à eus, que par oït dire avez-vous aucun oït de moi parler. Por ce que je oi volentiers parler et voi volentiers ceaus qui sevent i estre.

Et por ceste raison cuic-jou que vous premiers venissiez ça por savoir qui jou estoie, ne se aucune chose qui en moi fust vous porroit riens plaire. Et je ne cuic mie que solonc çou que je vous començai premiers, que Dex si nous fu si cortois que il ne nous vout mie faire de pejour matere que les homes, ançois nous fist d'ome meismes, por çou que il vout que nous fussions amées de aus, et il servi de nous.

Et por çou, Mestre, si cuic-je tout vraiement que vous aucune grace véez en moi, que il vos plet à dire ce que je ai entendu.

Et la raisons que je cuic que vos aiés ensi parlé n'est autre : Si est qu'il vous plest que je me gardie de mal.

Et por çou que jou ai entendu par vous que on ne set qui bons est ne qui malvès, si covient que on se gart de touz, et ne si ferai tant que mercis aura son liu.

Dont il m'est avis que qui la chose ne viut faire, mout i met de refuis. Et çou sosfisce à bon entendant.

CI FINE LA RESPONSE DEL BESTIAIRE MESTRE RICHARD
DE FORNIVAL.

NOTES

SUR

LES DIVERS ANIMAUX MENTIONNÉS DANS LE BESTIAIRE D'AMOUR

LE COQ

ENTRE les nombreuses propriétés attribuées à ce roi des basses-cours par les naturalistes, les auteurs de Bestiaires signalent celle dont Buffon n'a pas parlé, et qui consiste à indiquer par des cris plus ou moins retentissants les différents moments de la nuit. Son chant matinal appelle le cultivateur au travail, et fait de lui le symbole le plus naturel de l'activité et de la vigilance. C'est, pour les mystiques du moyen âge, l'image du Pasteur qui veille sur les fidèles, ou du Prédicateur qui leur enseigne leurs devoirs. Le Coq, dit Hugues de Saint-Victor, chante en temps convenable pour éveiller les hommes. Le prédicateur aussi distingue les moments, ou les circonstances, dans lesquels il peut parler. Aux heures les plus profondes de la nuit, sa voix est plus forte; elle est plus douce aux approches du matin. Les docteurs de l'Eglise savent aussi parler d'une voix grave et sévère, quand ils ont affaire aux hommes plongés dans la nuit du péché, et s'exprimer avec plus de douceur, quand ils ont des auditeurs éclairés par la lumière de la vérité éternelle. Le coq, avant de chanter, secoue ses ailes; avant d'éveiller la nature, il s'éveille en quelque sorte lui-même. — C'est ainsi que les Saints agissent: ils se sont réformés avant de songer à réformer les autres; et ils ne ressemblent pas aux clercs qui ne conforment pas leurs actes à leurs doctrines. On peut lire dans un recueil de poésies latines antérieures au XIIe siècle, publié par M. Edélestand du Méril, tout un poëme dans lequel sont exposées les raisons qui ont fait établir la coutume de placer des coqs sur le sommet des clochers :

> Multi sunt presbyteri qui ignorant quare
> Super domum domini Gallus solet stare :
> Super Ecclesiam positus Gallus, contra ventum
> Caput diligentius erigit extentum :
> Sic sacerdos, ubi scit dæmonis adventum
> Illuc se objiciat pro grege bidentum, etc. (1).

Cette pièce de vers résume toute la symbolique religieuse du coq.

L'ANE SAUVAGE ou ONAGRE

C'EST en Afrique, disent les auteurs de Bestiaires, que l'on trouve l'âne sauvage. Le 25 mars de chaque année, il brait douze fois la nuit et douze fois le jour, apprenant ainsi que l'on est à l'équinoxe, et que les jours sont égaux aux nuits. On ajoute ordinairement sur cet animal certains détails relatifs aux effets de la jalousie qui lui est attribuée et qui le rend cruel envers ses petits, dans lesquels il croit trouver des rivaux (2). L'onagre, dit Job, ne crie que lorsqu'il a faim. C'est ainsi, disent les écrivains religieux, que le Démon, voyant les peuples convertis à la nouvelle loi, en fut tellement irrité, qu'il fit entendre des cris de fureur. Il criera bien plus encore, lorsqu'il verra les païens eux-mêmes se soumettre à l'Evangile ! Il pourra ouvrir la gueule alors, car il aura faim et soif ! L'âne sauvage brait pendant vingt-quatre heures : le Démon pourra de même braire sans fin.

Il s'agit ici de l'âne du désert, dont Job a parlé en termes magnifiques (3). Ce n'est pas l'âne qui était pour l'Egypte un objet de dérision, et dont le nom était une insulte ; c'est celui que les Indiens ont en vue, lorsqu'ils affirment que les âmes de tous les

---

(1) Ed. du Méril, *Poésies populaires latines*, page 12.

(2) PLINE, liv. VIII, ch. 44. — SOLIN, *Polyhistor*, ch. 27. — ISIDORE, *Origines*, liv. XII, ch. 4. OPPRIEN, *Cynégét.*, liv. III, v. 197.

(3) *Quis dimisit onagrum liberum et vincula ejus quis solvit?* JOB, ch. XXXIX, v. 5.

personnages appartenant à la noblesse doivent passer dans le corps des ânes.

Au reste, on peut remarquer en passant que l'âne vulgaire, celui qui figure ordinairement d'une manière peu honorable et peu héroïque dans l'opinion des écrivains modernes, n'a pas été pour les hommes du moyen âge un objet de dérision. Il est certain, au contraire, que cette *fête de l'âne*, dont on s'est tant moqué, et à laquelle l'ignorance a constamment donné un caractère grotesque, était une cérémonie fort sérieuse. C'est ce dont on pourra se convaincre par la seule lecture de la prose fameuse :

> Orientis partibus
> Adventavit Asinus, etc.

Ce qui est devenu une indécente parodie était, au xiiie siècle, un drame sérieux, dans lequel les fidèles représentaient la venue de Jésus-Christ et la promulgation de la loi nouvelle.

LE LOUP

CET animal, sur certains modillons qui décorent les églises, est un des emblèmes du démon, ou figure la rapacité astucieuse et la cruauté. Les anciens donnaient le nom de louves aux courtisanes. Le Loup est, ainsi que le Renard, grâce à la célèbre satire dont ils sont les deux héros, un des animaux dont il est le plus souvent fait mention au moyen âge. Déjà l'écriture l'avait désigné d'avance aux commentaires religieux, lorsqu'elle recommandait de prendre garde aux faux pasteurs « qui se présentent sous l'extérieur des brebis, et ne sont au fond que des loups ravissants. » Le *Physiologus* prétend qu'il se nourrit quelquefois de vent et de terre. Il va chercher sa proie loin de la tannière où il a déposé ses petits. Il entre avec précaution dans les bergeries, et il mord son pied s'il s'aperçoit qu'en marchant il a fait quelque bruit. C'est sous la forme du loup, dit Hugues de Saint-Victor, que le diable vient rôder autour des églises pour égorger les fidèles et perdre leurs âmes. C'est à cette opinion que se rapporte la croyance aux *loups-garoux*, si répandue encore dans les campagnes. Toutes les autres fables

accréditées sur la constitution du loup, ont fait imaginer autant
d'allusions aux périls qui entourent les hommes. Toutes ne sont pas
heureuses, on peut bien le croire. C'est d'un peu loin, par exemple,
qu'un mystique du xiie siècle, rappelant que le loup n'a de force
que dans la partie antérieure de son corps et que dans le reste il est
d'une extrême faiblesse, tire de ce détail une image des anges, forts
et puissants avant leur révolte, et dépouillés, après leur chute, de
tous leurs brillants attributs.

LE GRILLON

Le Grillon, autrefois nommé Crisnon ou Crinçon, n'est pas con-
sidéré dans l'histoire naturelle légendaire comme cet hôte innocent
du foyer domestique, dont le cri plaintif vient rompre la monotonie
et le silence des longues soirées d'hiver. On s'est plu à considérer
uniquement en lui cet amour de son propre chant qui l'exalte jus-
qu'au point de le faire mourir. On le représente ordinairement au
fond d'une cheminée, près de laquelle une femme se tient debout
dans l'attitude de la curiosité, ou se disposant à profiter de cet
enivrement par sa propre voix que la tradition lui prête, pour se
saisir de lui. Image de la vanité punie.

LE CYGNE

Ce n'est certainement pas sur les cygnes presque muets de nos
climats que les anciens ont modelé les cygnes harmonieux, dont
la voix aime à se marier aux instruments de musique qui frappent
leurs oreilles, ainsi que les représenta l'art religieux au moyen
âge. Les artistes s'attachèrent de préférence à l'antique tradition
qui supposait que ce chantre merveilleux faisait entendre, au moment
de mourir, ses accents les plus doux. Il n'est pas de fiction en his-
toire naturelle qui ait été plus souvent répétée et plus universelle-
ment accréditée. Elle s'était, comme le fait observer Buffon, em-
parée de l'imagination vive et sensible des Grecs, en sorte que
poëtes, orateurs et philosophes, l'avaient adoptée comme une vérité

trop agréable pour être révoquée en doute. Mais tandis que les uns considéraient ce dernier chant comme un hymne funèbre, d'autres y trouvaient l'accent joyeux annonçant le bonheur de passer dans une vie meilleure. Dans l'empressement avec lequel les cygnes étaient supposés accourir pour entendre le chant de l'homme ou les accords de la lyre, les docteurs ont trouvé l'image des hommes trop sensibles aux attraits du plaisir ; et le chant qu'ils font entendre lorsqu'ils sont près de quitter la vie, convient assez bien au pécheur repentant qui pleure sur ses fautes passées. Les écrivains religieux signalent aussi l'amour du cygne pour la solitude ; et saint Grégoire de Nazianze, dans sa lettre à Céleutia, trouve en lui l'emblème du solitaire, qui cherche son bonheur loin du monde. Il fait ressortir les avantages de la solitude en comparant le cygne à l'hirondelle qui construit son nid auprès des lieux habités par l'homme et a rarement à se louer d'un pareil voisinage.

LE CHIEN

De toutes les propriétés de ce fidèle compagnon et ami de l'homme, les artistes du moyen âge ont recueilli de préférence les deux suivantes : Quand il a trop mangé, il va déposer à l'écart le trop plein de son estomac, et quand ensuite la faim le presse, il vient reprendre la nourriture qu'il a vomie. Image de l'homme faible, disent-ils, qui, après s'être délivré de son péché par la confession, y retombe de nouveau ! L'iconographie chrétienne représente aussi quelquefois le chien dans l'attitude que lui donnent les fabulistes, au moment où, traversant une rivière, il laisse tomber sa proie pour en prendre l'ombre ; emblème de l'ambition stupide, qui, au lieu de jouir des biens réels que l'homme trouve à sa portée, recherche les biens imaginaires, et abandonne les joies du ciel, pour les vains plaisirs du monde.

LA GUIVRE

La Guivre, wivre ou vivre, animal fantastique, dont on trouve bien souvent l'image figurée d'une manière conforme à celle que nous reproduisons ici, a joué un grand rôle dans les récits du moyen âge. C'était un des monstres que, selon le livre des *Merveilles de l'Inde*, Alexandre avait eu à combattre. C'est sous ce nom que l'on désignait le plus souvent certains reptiles malfaisants, auxquels les populations attribuaient des ravages analogues à ceux de la Gargouille des environs de Rouen. La vivre de Lairé, dit La Monnoye, était un serpent caché près d'une fontaine, dans le voisinage d'un prieuré de l'ordre de St-Benoît, et qui fut longtemps l'objet de la terreur publique (1). Plusieurs noms de lieux, dans les montagnes de Neufchâtel, rappellent le souvenir d'un serpent dévastateur : la roche à la Vuivra, la tombe à la Vuivra, la fontaine à la Vuivra. La Guivre a dû une partie de sa célébrité à un épisode saisissant du roman du BEL INCONNU, dans lequel le héros sorti vainqueur des combats les plus terribles, est soumis à une dernière épreuve, celle de recevoir sur la bouche le baiser d'une énorme Guivre. On sait qu'elle figure parmi les animaux de fantaisie dont s'est emparé le blason. Quant à cette singulière propriété qui lui était attribuée de fuir devant l'homme nu et de courir sus à celui qui est vêtu, elle l'a fait choisir, dans les églises où elle est représentée, comme une image du démon, qui perd tout son pouvoir en présence des fidèles purs de toute souillure, et n'est redoutable que pour l'homme sur lequel pèse le lourd vêtement du péché.

LE SINGE

LES éléments dont se compose le portrait du singe se retrouvent dans saint Isidore, qui les avait empruntés à Pline. C'est, disent les naturalistes du moyen âge, un animal laid et mal bâti : Quel qu'il soit par devant, il est encore plus affreux par derrière. Il a une tête, mais il n'a pas de queue ; il ressemble en tout point au démon. Ange déchu, il a conservé ses traits d'autrefois, mais il a perdu sa queue ; et plus tard, comme dit l'Écriture, il périra tout entier. L'auteur du *de Natura rerum* (il ne s'agit pas ici de Lucrèce, bien entendu), a fourni à Richard de Fournival, l'histoire du *Singe chaussé*, et du parti que tirent les chasseurs, du penchant

(1) *Noëls bourguignons*, 1720, in-f°, p. 399.

à l'imitation qui caractérise l'animal méchamment comparé à l'homme par le poëte Ennius :

Simia quam similis, turpissima bestia, nobis !

LA SINGESSE

La préférence donnée par la femelle du Singe à un de ses petits qu'elle porte complaisamment dans ses bras, tandis qu'elle jette négligemment sur son dos l'autre, qui s'y tient comme il peut, avait été déjà signalée par les Egyptiens, qui, d'après le témoignage d'Horus, y trouvaient la figure de la haine d'un héritier, *hæres invisus* (1). Poursuivie par les chasseurs, elle perd celui qu'elle aime et conserve celui qu'elle hait, *projicit volensquem diligit, servatque nolens quem odio habet*, dit le *Physiologus*. C'est une leçon frappante pour la mère coupable d'une préférence du même genre en faveur d'un de ses enfants.

LE CORBEAU

LE corbeau, dit Brunetto Latini (2), est l'oyseau qui ne revint pas à l'arche, ou pour ce que il trouva grans charoignes, « ou pour ce qu'il mourut ès èves parfondes. »

« Cet oiseau, dit Buffon, a été fameux dans tous les temps ;
« mais sa réputation est encore plus mauvaise qu'elle n'est étendue,
« peut être par cela même qu'il a été confondu avec d'autres oiseaux
« et qu'on lui a imputé ce qu'il y avait de mauvais dans plusieurs
« espèces. »

Sa chair était interdite aux Juifs ; les sauvages n'en mangent jamais ; son croassement, qui par onomatopée lui a fait donner le nom qu'il porte dans presque toutes les langues, est réputé de mauvais augure. Selon un écrivain mystique du XIIᵉ siècle, son cri *cras, cras,* indique le pécheur, qui pour faire pénitence, attend toujours au lendemain.

(1) Pierre Valérien, livre VI, chap. 17.
(2) Mˢ de la Bibliothèque de Rouen.

L'habitude qu'on lui prête, de s'attaquer de préférence aux yeux, quand il fait sa proie d'un cadavre, a donné lieu à la figure sous laquelle il est le plus souvent représenté. On la voit, telle que nous la donnons ici, sur une des frises de l'élégante église de Norrey, dans le Calvados. C'est l'image du démon, qui éteint chez l'homme l'œil de l'intelligence et par là atteint la cervelle et pervertit l'âme.

Dans un traité *sur la pipée*, on raconte la chasse d'un lièvre entreprise par deux corbeaux qui paraissaient s'entendre ; ils lui crevèrent les yeux et finirent par s'emparer de lui.

La couleur de ses plumes n'a pas peu contribué à cette assimilation au démon. Il est aussi, selon Hugues de Saint-Victor, l'image du pécheur qui se couvre, pour son malheur, des noires plumes du péché.

Les petits du corbeau naissent plus blancs que noirs, au contraire des cygnes qui doivent être un jour d'un si beau blanc et qui commencent par être bruns (1). On supposait que l'absence de plumes noires dans les premiers jours inspirait au père et à la mère une telle répugnance pour leur progéniture qu'ils la négligeaient entièrement, jusqu'au moment où les petits commençaient à leur ressembler par leur vêtement. Ce manque de tendresse reçoit sa punition : les corbeaux se souvenant d'avoir été abandonnés par leurs parents, les dévorent quand ils sont devenus grands et que ceux-ci sont affaiblis par la vieillesse. Et comme Élien prétend que ce sont les parents eux-mêmes qui s'offrent en pâture à leurs fils, le Père Caussin, voit en ce fait une image de l'Eucharistie.

LE LION

Le lion a trois propriétés : il habite les hautes montagnes ; quand il se voit poursuivi par le chasseur, il efface avec sa queue la trace de ses pas ; quand il dort, il a les yeux ouverts. La femelle du lion met bas des petits qui tombent à terre et demeurent sans vie. Pendant trois jours, ils sont abandonnés par elle ; mais le lion arrive et soufflant sur eux, il les rappelle à la vie. C'est un animal généreux qui n'attaque l'homme que lorsqu'il est pressé par la faim.

(1) Aldrovande. *Ornithologie*, t. I, p. 702.

« C'est ainsi que Jésus-Christ cacha si bien sa venue sur la terre, que le démon lui-même ne s'en aperçut pas. Trois jours aussi, comme le petit du lion, il fut privé de vie; mais Dieu le Père le fit sortir du tombeau et ressusciter glorieusement.

« Remarquez bien, disent les auteurs des *Bestiaires*, que ce n'est point la divinité qui a souffert et qui a succombé à la mort de Notre-Seigneur Jésus-Christ. Tout cela ne concerne que l'humanité. Frappez de la hache, ajoutent-ils, un arbre éclairé par les rayons du soleil, chaque coup entaillera profondément le bois, sans que la lumière puisse être le moins du monde atteinte et tranchée. »

Saint Epiphane avait emprunté à Elien (liv. II., ch. 30) ou à Plutarque (*de la Comparaison des Animaux*) cette circonstance reconnue comme inexacte aujourd'hui, du lion effaçant la trace de ses pas pour échapper aux chasseurs. Isidore de Séville ne pouvait négliger ce détail, dont la poésie s'est emparée plusieurs fois ; témoins des vers de Grégoire de Nazianze, cités par Ponce de Léon. Quant à la naissance des petits lionceaux qui, selon saint Epiphane et tous les auteurs de *Bestiaires*, viennent au monde morts et aveugles, et qui sont en quelque sorte ressuscités par leur père, on pouvait trouver l'origine de cette opinion dans Aristote et Pline-l'Ancien. Plutarque a prétendu, au contraire, que le lion était consacré au soleil, parce que, seul de tous les animaux, il vient au monde les yeux ouverts (1). Cuvier donne raison à Plutarque : les petits lions, dit-il, viennent au monde les yeux ouverts ; et, du reste, aussi bien formés que les petits chats, et grands comme des chats adultes.

Le fait avait été regardé comme authentique par Origène (2), d'après l'auteur de la *Genèse*, *dormitabit tanquam leo, et sicut catulus leonis suscitabatur* (*Genèse*, 49); et les commentateurs s'étaient donné la peine d'expliquer par quels moyens il était possible au lion de ressusciter ses petits, trois jours après leur mort.

Le lionceau, disaient-ils, en venant au monde, a le cerveau très-sec, en raison de l'extrême chaleur qui lui est propre, ce qui fait que les esprits animaux ne peuvent se faire jour et communiquer aux nerfs le mouvement vital: en soufflant avec force dans sa bouche

---

(1) *In quæstione utrum Judæi, quod rencrentur suem an quod ab ipso abhorreant, abstineant ejus carne* (les *Propos de Table*, livre IV, question 5).

(2) *Homélies XXVII, chapitre 69.*

et dans ses oreilles, le lion leur ouvre un passage et favorise leur action. Les naturalistes du temps trouvaient ces raisons fort plausibles (1).

Saint Augustin y avait trouvé une image de la rénovation opérée par le baptême, espèce de tombeau dans lequel périt tout ce qui constituait le vieil homme (2). Abailard y voit une image de la résurrection du Christ :

> Ut leonis catulus,
> Resurrexit Dominus
> Quem rugitus patrius
> Die tertia
> Suscitat vivificus,
> Teste physica (3).

Il a beaucoup d'autres propriétés qui ont été l'objet d'une foule d'emblèmes négligés également par les auteurs de *Bestiaires*. Pierre Valérien n'en compte pas moins de trente-sept dans le premier livre de ses *Hiéroglyphiques*. Alciat n'emprunte à notre légende que la propriété attribuée au lion de dormir les yeux ouverts :

> Est leo, sed custos, oculis quia dormit apertis,
> Templorum idcirco ponitur ante fores (4).

Malgré l'autorité de Lucrèce qui explique en beaux vers (5) les causes de l'antipathie du lion pour le coq, il est permis de penser, avec Cuvier, que le lion n'est épouvanté ni par son cri, ni par le bruit des roues d'un char. Il craint si peu le coq, que souvent il le mange, dit ce savant, qui ne se montre pas moins sceptique au sujet de la générosité et de la magnanimité du roi des animaux : « J'ai peur, dit-il, que la générosité du lion ne soit aussi imaginaire que la sagesse de l'éléphant (6). »

---

(1) Ponce de Léon (*Votæ ad sancti Epiphani Physiologum*, p. 101).

(2) Sermon 48 *de Juda*. Cette pensée avait déjà été exprimée par Origène (*in Paulum*) ; et Fulbert de Chartres l'a développée longuement (*epistola ad Adeodatum*).

(3) *Carmina e Christianis poetis excerpta*, apud DRIDRON (*Annales archéologiques*).

(4) *Andreæ Alciati emblemata*, p. 79, édit., Paris, 1589. Lessing, dans une de ses fables, parle de cette propriété, comme d'un fait avéré.

(5) *De Natura rerum*, lib. V.

(6) Cuvier, notes sur le livre VIII de Pline, édition de Panckouke.

Jean Vauquelin (1) emprunte à Pline (2), sans doute, cette autre autre propriété négligée par les *Bestiaires* : « Le lyon, par son « odeur et sentement, congnoist quand la lyonne s'est forfaite « en la compagnie du léoppard, et l'en pugnist très-griévement. »

Personne n'ignore que le lion est un des quatre animaux qui, tout en figurant le Christ, servent aussi de symboles aux quatre évangélistes. Voici comment ce sujet est exposé par Hildebert de Lavardin (3).

> Mathæo species HUMANA datur, quasi scripto
> Indicat et titulo, quid Deus egit homo ;
> Os VITULI Lucam declarat, qui specialem
> Materiam sumpsit de cruce, Christe, tua.
> Effigiat Marcum LEO, cujus littera clamat
> Quanta surrexit vi, tua, Christe, caro.
> Discipulum signat species AQUILINA pudicum,
> Vox cujus nubes transit ad astra volans.

. . . .

> Christus HOMO, Christus VITULUS, Christus LEO, Christus
> Est AVIS, in Christo cuncta notare potes.
> Est HOMO dum vivit, BOS dum moritur, LEO vero
> Quando resurgit, AVIS quando superna petit (4).

On peut voir par les détails que nous donnons ici et que nous pourrions multiplier considérablement, que nos auteurs ne s'écartent guère du texte qui, dès le principe, avait circonscrit les matières qu'ils traitent dans de certaines limites (5). Il n'est pas un animal qui soit aussi souvent cité que le lion dans les saintes Écritures,

(1) *Propriété des Animaux*, ap. B. de Xivrey (*Traditions tératologiques*, p. 54).

(2) Livre VIII, chap. 17.

(3) *Hildeberti Opera*, p. 1318.

(4) L'idée de ces quatre animaux mystiques a été fournie par le premier chapitre d'Ézéchiel et le quatrième de l'Apocalypse. Saint Epiphane compare les quatre évangélistes aux quatre fleuves du paradis, *quia Christi Ecclesiæ irrigat hortum* (*sermo in festo palmarum*, p. 263 C.). *Quandoque etiam circumpinguntur quatuor animalia, facies hominis et facies leonis, a dextris, et facies bovis a sinistris, et facies aquilæ desuper ipsorum quatuor* (Guillaume Durand, lib. I, chap. 3). Voyez, sur le *Tetramorphe* représenté sur une mosaïque du XIII⁰ siècle, trouvée par M. Didron, dans un couvent du mont Athos, l'intéressant mémoire de Mᵐᵉ Félicie d'Ayzac (*Annales archéologiques*, I-VII, année 1849, p. 152 et 206).

(5) Tout ce qu'ils disent du lion se trouve déjà en substance dans saint Epiphane (*ad Physiologum*, p. 189 et suiv.).

et comme il réunit, ainsi que l'a fait remarquer saint Augustin (1), des propriétés que nous admirons et d'autres qui excitent notre horreur, il est pris tantôt en bonne et tantôt en mauvaise part, et, comme d'autres animaux, il sert de symbole à des choses bien différentes (2).

Il représente d'un côté, Dieu, Jésus-Christ, les anges, les fidèles, les rois pieux, la force du peuple, etc.; de l'autre, les impies, les ennemis de Dieu, les tyrans, les nations étrangères et enfin les Juifs (3). Cette remarque s'applique à la plupart des animaux dont nous avons à parler. D'après les écrivains mystiques, la double nature de Jésus-Christ trouve son emblème dans le lion : la partie antérieure de son corps est forte et puissante, tandis que la partie postérieure est faible et grêle. C'est pourquoi, ainsi que le dit Philippe de Thaun :

> Force de déité
> Demustre piz carré;
> Le trait qu'il ad derère
> De mult gredle manère,
> Demustre Humanité
> Qu'il out od Déité (4).

LA BELETTE

LA belette conçoit par la bouche et enfante par l'oreille (5). Elle porte ses petits d'un lieu dans un autre; elle fait aux serpents une guerre impitoyable.

(1) *Doctrina christiana*, liv. III, chap, 25, *et in psalmum* XLIX.

(2) *Jam si est aliquis dubitans an immunda animalia ad significationem rei bonæ aut mundanæ conscientiæ erudiendæ referantur, ut* serpentes, draco, leo *et aquila et his similia, sciat quod quandoque* fortitudinem *et* regnum CHRISTI *significant, quandoque vero* rapacitatem DIABOLI ; *atque ita variis posse applicari* (Hugues de Saint-Victor, t. II, p. 430, col. 2, D.).

(3) *Principes ejus in medio ejus, leones rugientes.*

(4) *Anterioribus partibus cœlestia refert, posterioribus* terrena, dit Pierre Valérien d'après saint Irénée (*Hieroglyphicorum*, lib. I, chap. 27).

(5) Par suite sans doute de la confusion qui résulte des deux mots *aure* et *ore*, d'autres enseignent que c'est au contraire par l'oreille qu'elle conçoit et qu'elle enfante par la bouche. Hugues de Saint-Victor laisse le choix libre entre les deux absurdités : Quidam dicunt eas aure concipere et ore parere ; e contrario dicunt quidam eas ore semen concipere et per aurem parere (*De Bestiis*, p. 424).

« A la belette qui change souvent de place sont assimilés ceux qui, après avoir cru à la parole de Dieu et promis de le servir, le renient et cessent d'obéir à ses commandements. »

Nous serions bien embarrassé si nous étions obligé de donner ici une idée des étranges commentaires auxquels a donné lieu la première des propriétés attribuées à la belette par les Bestiaires. Nous pouvons heureusement nous en dispenser, en renvoyant à Vincent de Beauvais, qui, en sa qualité de compilateur, se croit forcé de ne rien omettre, et à Bochart, qui, avec l'intrépidité d'un commentateur, se fait une loi de tout expliquer (1). Nous ne dirons qu'un mot des deux autres propriétés signalées par Guillaume, et qui sont ainsi exposées dans l'*Image du Monde* (2).

> La mustoile, qui est molt petite,
> Quiert et ocist le basilique,
> Et se combat tant au serpent,
> Qu'ele l'ocit outréement.
> Ses faons si sovent tresmuet,
> Qu'à painnes nus trover les puet.

La belette qui transporte ses pénates d'un endroit dans un autre, devait servir de symbole à l'inconstance (3) ; et rien n'empêchait

---

(1) *Speculum naturale*, lib. XIX, p. 245. *Hierozoïcon*, part. I, col. 1021 et suiv. Entre les interprétations auxquelles a donné lieu la propriété de concevoir par l'oreille et d'enfanter par la bouche, nous nous bornerons à noter celle d'Aristéas, qui y trouve l'emblème des calomniateurs : « Ea quæ auribus acceperant verbis quasi *corporantes* et in majus augentes » ; et celle de Plutarque, qui en fait assez ingénieusement le symbole de la formation du langage : « Mustela, quum aure ineatur et ore pariat, sermonis generationem refert. » (Plut., *In Iside*). C'est cette version qui a été adoptée par Richard de Fournival.

(2) Ms de la B.N., 660 (*De la manière de nos bestes*).

(3) En changeant fréquemment de maison, la belette était exposée à envahir la propriété d'autrui. C'est à elle, en effet, que notre admirable La Fontaine fait soutenir la doctrine du *premier occupant*:

> Du palais d'un jeune lapin
> Dame belette un beau matin
> S'empara... c'est une rusée !
>
> . . . .
>
> La dame au nez pointu répondit que la terre
> Etait au premier occupant.

d'appliquer plus spécialement le fait, vrai ou faux (1), à la conduite des hommes qui renient les vérités religieuses après les avoir autrefois reconnues. La belette, toute faible qu'elle est, peut tuer des animaux plus gros et plus forts ; elle va jusqu'à triompher du basilic, le plus terrible des serpents : image des victoires que l'homme le plus faible peut, à l'aide de la prière et des bonnes œuvres, remporter sur le démon. *Ecce dedi vobis potestatem calcandi super serpentes et scorpiones* (2). D'après une tradition consignée par Marie de France dans le *Lai d'Eliduc*, la belette aurait un bien plus grand mérite encore : Elle connaîtrait la vertu des plantes médécinales, et pourrait même rappeler les animaux morts à la vie. La femelle de la belette, voyant le mâle blessé, court dans un bois voisin, y cueille une fleur rouge qu'elle rapporte entre ses dents et la plaçant dans la gueule du mort, lui rend la vie (3).

LA CALADRE ou CALANDRE

C'EST un oiseau blanc comme la neige, que l'on trouve au pays de Jérusalem. On l'apporte devant les malades : ceux vers lesquels il se tourne doivent guérir , car il attire à lui tout le mal ; ceux au contraire dont il s'écarte mourront certainement. »

« Jésus-Christ, notre Sauveur, blanc comme la caladre, et dans lequel le démon ne put découvrir aucun péché, vint trouver ainsi les hommes qu'il avait toujours aimés et il emporta avec lui toutes leurs infirmités, de même qu'autrefois la vue du serpent de Moïse avait purifié les Juifs au désert. »

Cet oiseau, nommé par les anciens *Charadre*, a été décrit comme

---

(1) « Mustela catulos parit parvos admodum, eos que *ore* sæpe transfert » (Aristote, *De generatione*, lib. III). Voilà peut-être l'origine des fables qui ont été plus tard inventées. Un poisson, du nom de *mustelus*, peut faire entrer ses petits dans son gosier et les en faire sortir à volonté, dit encore Aristote (*Hist. des animaux*, liv. VI, ch. 10). C'en est assez pour qu'Élien ait pu dire : « Mustelus in mari per os parit. » Et voilà justement comment on écrit l'histoire..... naturelle, aurait dit Voltaire.

(2) Saint Luc, ch. X, v. 9.

(3) *Poésies de Marie*, t. XI, p. 473.

un oiseau de nuit, par Aristote (1) qui ne parle pas de la faculté que lui attribuent nos Bestiaires, d'après saint Epiphane et le *Physiologus*. Elien dit que c'est la jaunisse qu'il guérit, en tenant ses yeux attachés sur ceux du malade qui en est atteint (2) ; et Suidas cite un proverbe qu'il emprunte à Didyme, et qui est fondé sur cette propriété (3). Il est souvent question de la caladre dans les récits des Trouvères, dans le roman d'Énée, par exemple, au sujet de Camille, dont le corps placé sur un tapis, est enveloppé d'une *kiute de paille*, tandis que sa tête repose sur un coussin rempli d'une plume de caladre. Dans le roman d'Auberi, celui-ci entrant dans le verger d'un palais cite la *caladre* parmi les oiseaux dont le chant lui semble le plus agréable :

> Auberi fu apoiés au saucel;
> Voit le pei son néer par le gravel,
> Oi l'aloette, la melle et l'estornel
> Et la CHALENDRE chanter sur l'abrissel (4).

Brunetto Latini explique comme le fait le Bestiaire de Hugues de Saint-Victor (5), la manière dont la caladre guérit le mal : « Et si dient les plusors que par son regart reçoit en soy toutes « maladies et les porte en l'air amont, là où le feu est, et où il « consomme toutes maladies (6). » « Son pomon, dit-il encore, « garit des occurtés des eux. »

Philippe de Thaun, d'accord en cela avec le livre *De Natura Rerum*, cité par Vincent de Beauvais (7), dit que cette guérison s'obtient avec la moelle que contient l'os de sa cuisse :

> Al oisel ad un os
> Enz en la quisse gros :

(1) Liv. IX, ch. 2. Le nom donné à cet oiseau vient de ce qu'il fait son nid dans les fentes des rochers, *Per loca fragosa et saxosa*.

(2) *De animalibus*, lib. XVII, cap. 13 : Charadrius avis eximio naturæ beneficio affecta est. Nam si quis ictericus in eam accerrime intueatur, illa contra oculis fixis tanquam vicissim ei succensens respiciat, sic affectum hominem suo obtutu ad sanitatem reducit. »

(3) Charadriam imitari. Suidas, au mot *Icterus*.

(4) Ms. 7227, 2, f° 70, cité par M. P. Paris, t. XX, 326, *de l'Histoire littéraire de la France*.

(5) *Institutiones monasticæ*, t. II, p. 430.

(6) Manuscrit de Rouen, ch. 79.

(7) *Speculum naturale*, lib. XVI, ch. 123.

Se hum la muele ad,
Cui la veue faldrad (1),
Et les oelz (2) en uindrat
Senes (3) repairerat.

Ponce de Léon (4) trouve le moyen de faire au sujet de cet oiseau, une dissertation sur la prescience divine, la prédestination et la grâce. « Dieu et la caladre, dit-il, ne peuvent opérer ici de la même manière. Car l'oiseau annonce seulement la guérison du malade, tandis que Dieu prévoit la damnation ou le salut de l'homme. Mais alors nous serions donc destinés par avance au bonheur ou au malheur éternel ? » Comment résoudre une difficulté aussi épineuse ? Ponce de Léon pense que le meilleur parti est ou d'humilier sa raison, avec Origène (5), ou de s'en rapporter, avec saint Augustin, à la bonté infinie de Dieu.

Les passages nombreux des Livres sacrés et particulièrement des Psaumes, où se trouvent les expressions: *Deus avertit faciem suam, Deus conversus est ad nos, Deus me respexit*, etc., expliquent suffisamment pourquoi la caladre a été si fréquemment employée comme emblème de la justice ou de la clémence divine (6).

LES SIRÈNES

Lorsque nous nous laissons enchanter par le monde et que nous nous endormons au sein des plaisirs qu'il nous offre, la sirène, c'est-à-dire le démon, tombe sur nous et nous tue.

Les marins, pour échapper à la voix trompeuse des sirènes, *étouppent* leurs oreilles, afin de rien entendre. L'homme qui veut

(1) A qui la vue faillira, ou plutôt *faudra*, comme le veut le Dictionnaire de l'Académie.

(2) Les yeux.

(3) Aussitôt.

(4) In notis ad *Physiologum*, Sancti Epiphani *Opera*, p. 221.

(5) « In altissimo isto abysso, inquit Origenes, nulla est securior anchora, quam ambulare in Dei timore et humiliter de se sentire. » *Ibid.*

(6) Psalm. XII, v. 1 ; XXVI, 9; XXIX, 8; LXXXV, 16. C'est même à propros du psaume LXXXIV, v. 7 *Deus, tu conversus vivificabis me*, que le Commentateur anonyme des psaumes parle de la caladre et de la propriété qui lui est attribuée par les naturalistes.

conserver sa chasteté au milieu du monde, doit pareillement fermer ses oreilles et ses yeux.

Les auteurs de nos Bestiaires partagent au sujet des sirènes l'opinion de l'antiquité, qui, dès le temps d'Homère, n'y voyait sans doute qu'une allégorie dont le sens était assez transparent. Ce n'était pour Élien qu'une fable, comme pour Servius, dont Isidore de Séville a reproduit les expressions, et nous la retrouvons encore presque textuellement dans l'article que Brunetto Latini a consacré aux sirènes (1). Dans le poëme d'Alexandre, les soldats du roi de Macédoine sont victimes des sirènes ; dans le poëme de Wace, Brut et ses Troyens rencontrent les sirènes auxquelles ils n'échappent qu'en s'attachant fortement aux mâts de leurs navires (t. I. p. 37, v. 733 et suiv.).

Ces femmes-oiseaux, comme les appelle Salverte (2), ne sont pas toujours représentées de la même manière. Les sirènes d'Ovide ont en effet des têtes de femmes sur des corps d'oiseaux (3) ; mais si elles ont quelquefois des ailes et des pattes armées de griffes, elles sont le plus souvent décrites comme étant femmes jusqu'à la ceinture, et se terminant, comme le monstre d'Horace, en queue de poisson :

Desinit in piscem mulier formosa superne.

Philippe de Thaun réunit les deux versions :

E de femme ad faiture (4)
Entresque la ceinture
Et les pez de falcun,
Et cue de peissun.

----

(1) « Secundum veritatem meretrices fuerunt quæ transeuntes quoniam ad egestatem deducebant, iis fictæ naufragia facere. » (Lib. XI, p. 76.) « Segont la verite, les sereines sont iii meretrices qui destournoient tous les trespassans et les retenoient en poueste. » Brunetto Latini, ch. cxxix. Selon le Bestiaire latin, les sirènes sont des serpents d'Arabie, qui courent si vite qu'on leur croirait des ailes, et dont le venin tue l'homme avant qu'il ait eu le temps de ressentir aucune douleur.

(2) *Des sciences occultes*, t. I, p. 344.

(3) *Metam.*, l. V, v. 552. « Sirenes secundum fabulam, dit aussi Servius, parte virgines fuerunt, parte volucres. Harum una voce, altera tibiis, alia lyra canebat. » *Ad Æneid.*, lib. V, v. 864.

(4) Les traits. En anglais, *features*.

Elles sont aussi, dans l'*Image du Monde*, femmes, oiseaux et poissons :

> Autres i a c'ont de puceles
> Testes et cors, dusqu'as mamelos ;
> Detrez (1) poissons, eles d'oisials,
> Et est lor chans molt dous et bials.

Nos auteurs du moyen âge, d'après Servius sans doute, disent que les sirènes étaient toujours au nombre de trois : « la première chantait merveilleusement de la bouche, l'autre de *fleute*, et l'autre de *citole*. » Le moyen de résister à leurs séductions, qu'indiquent Guillaume et tous les auteurs de Bestiaires, est celui qui avait été employé avec succès par le héros de l'Odyssée. Nous ne savons où l'auteur du *De Natura Rerum*, cité par Vincent de Beauvais (2), en avait trouvé un autre que nous croyons beaucoup moins sûr. « Au moment, dit-il, où les mariniers voient s'approcher les sirènes, qui se présentent sous l'apparence de belles femmes tenant entre leurs bras de petits enfants qu'elles allaitent, ils leur jettent des bouteilles vides, et tandis qu'elles cherchent à atteindre ces bouteilles qui flottent sur l'onde, ils échappent au péril. » Ces sirènes-là sont moins terribles que celles dont parle Ovide :

> Monstra maris sirenes erant, quæ voce canora
> Quaslibet admissas detinuere rates (3).

Bochart assure qu'il n'est nullement question des sirènes dans les livres saints, et que les animaux auxquels les *Septante* et la *Vulgate* ont donné ce nom n'avaient aucun rapport avec elles (4).

L'ASPIC

Ce serpent (je ne l'ai jamais vu, dit Guillaume, mais rien n'est plus vrai) craint la voix des enchanteurs, et, pour empêcher qu'elle

---

(1) Derrière, Ital. *diectro*, Esp, *detras*.

(2) *Speculum naturale*, lib. XVIII, cap. 129.

(3) *De Arte amandi*, lib. III, v. 310.

(4) T. II, p. 880. *Sir*, en hébreu, signifie *chant*, et c'est de là, suivant Nicot et Ménage, qu'il faut faire dériver le nom des *sirènes*. Ce serait aussi, selon Belon (*Ornithologie*), l'origine de celui de *serin*.

ne parvienne jusqu'à lui, il bouche l'une de ses oreilles avec sa queue, et l'autre en l'appliquant fortement à la terre. »

« Ainsi les hommes riches de ce monde, assourdis par le péché et la convoitise, ne peuvent entendre la parole de Dieu. »

S'il s'agissait de recueillir, pour expliquer le texte de notre Bestiaire, les diverses traditions sur lesquelles se fondent les notions justes ou erronées qu'il expose, nous aurions sur l'aspic un bien long chapitre à écrire. Les naturalistes et les poëtes de l'antiquité, ainsi que les écrivains ecclésiastiques, nous offriraient, sur ce point comme sur les autres, une multitude de détails pleins d'intérêt. Ils seraient le complément obligé d'une publication ayant pour objet un des ouvrages où est exposé, *ex professo*, le résumé des connaissances humaines au moyen âge, le *Trésor* de Brunetto, par exemple, ou l'*Image du Monde* (1). Mais nous ne voulons en ce moment qu'indiquer quelques-unes des sources auxquelles ont puisé nos Bestiaires, moins, nous le répétons, pour ce qui concerne les données scientifiques, que pour les applications qui en ont été faites à l'enseignement religieux. Notre but est de mettre en saillie les principaux points de la chaîne traditionnelle dont les premiers anneaux se rattachent à la Bible.

C'est ainsi qu'en ce qui regarde l'aspic, le germe de tout ce qui devait être développé par la suite se montre dans ce passage du Psalmiste (2) : *Furor illis secundum similitudinem serpentis : sicut aspidis surdæ obturantis aures suas, quæ non audiat vocem incantantium.*

« Les hérétiques, dit saint Jérôme (3), sont sourds comme l'aspic, qui se bouche les oreilles. » On lit dans l'*Histoire de li Normant* publiée par M. Champollion-Figeac, liv. Ier, ch. 18 : Ensi estoit li pueple tormente de necessite sanz fin, non ooit predicacion de prestre, et avoit close l'orelle pour non oïr la parole de l'evangile, *com lo aspide fet pour non oïr la voiz de cellui qui l'encante.*

Saint Augustin, en exprimant la même pensée, ajoute que, de

---

(1) Nous espérons pouvoir donner plus tard une édition de l'*Image du Monde*, et cet ouvrage comportera des développements historiques et scientifiques que nous avons dû nous interdire ici.

(2) Psalm. LVII, v. 5 et 6.

(3) Saint Jérôme, *Lettre à Apronius*, éd. du *Panthéon littéraire*, p. 574.

tous les animaux, le serpent devait être d'autant plus susceptible
d'être charmé par la voix des enchanteurs, que lui-même a, par
la séduction de son langage, triomphé de nos premiers parents (1).
On a cru de tout temps à la possibilité de charmer les serpents :

> Vipereo generi et graviter spirantibus hydris
> Spargere qui somnos cantuque manuque solebat (2).

Et l'auteur du *Génie du christianisme* qui a consacré deux pages
à la description *du plus emblématique des animaux*, raconte
poétiquement comment, en sa présence, un canadien avait, au son
de la flûte, désarmé la fureur du serpent à sonnettes (3).

L'assimilation du démon au serpent, ainsi que le fait remarquer
saint Grégoire-le-Grand (4), était pour ainsi dire forcée. Sous toutes
les formes que l'imagination donne au mystérieux reptile, il repré-
sente le redoutable ennemi contre lequel la piété des fidèles implore
le secours de Dieu :

> Difendi mi, o Signor, dallo gran vermo.

Mais pourquoi les enchanteurs mettaient-ils donc une si grande
insistance à terrifier l'aspic de leur regard, ou à surprendre toutes
ses facultés par l'influence de leur chant ? Brunetto nous en donne
la raison : « Et sachiez que aspide porte en sa teste la très relui-
sant pierre que l'en clame escharboucle : et quant l'enchanteour lui
vieust oster la pierre à ses parolles, maintenant que la fiere beste
s'en apercoit, ele fiche une de ses orailles dedans terre, et l'autre
clot de facon en tel maniere que ele devient sourde et n'oit les con-
jurations que cil dit (5). »

Guillaume complète sa monographie mystique de l'aspic en rap-
pelant qu'on en compte quatre espèces : le *dipsas*, qui fait mourir
de soif celui qu'il a mordu ; l'*hypnalis*, dont la morsure plonge dans
un profond sommeil suivi de la mort, c'est celui qu'avait choisi
la célèbre Cléopâtre ; l'*hémorrhois*, qui fait suer tout son sang à sa

(1) Saint Augustin, *Lib. quæstionum*, cap. LXV, quest. 44.
(2) Virgile liv. VIII, v. 753.
(3) Châteaubriand. *Génie du Christianisme*, 1re partie, liv. III, ch. II.
(4) Sancti Gregorii Magni, *Opera*, t. 1er, p. 3.
(5) Ms. de Rouen, ch. CXXXI.

victime; enfin le *prester*, dont le venin enfle le corps au point de le faire éclater. A ces quatre propriétés correspondent autant de moyens employés par l'antique serpent pour perdre l'homme. Il faut résister de toutes ses forces à cette *soif* de l'or, qu'il fait naître en nous; à cette *paresse somnolente* dans laquelle il plonge notre âme engourdie; à la *colère*, qui nous pousse à verser le sang; à l'*ambition* qui nous enfle d'un fatal orgueil. Dans son sens général, le serpent est considéré comme le symbole de la prudence : *Estote prudentes sicut serpentes*. Parmi les vertus représentées dans la cathédrale de Sienne, se trouve la *Prudence* ayant trois têtes, représentant la Vieillesse (expérience du passé); la Jeunesse (vision de l'avenir) ; et l'Age-Mûr (vue nette du présent). Le Présent a pour guide la prudence du serpent qu'il tient de la main gauche. On donnait, au moyen âge, à la figure qui représente la *Dialectique* un serpent pour attribut principal. Sur un vitrail de la chapelle Saint-Pyat, à Chartres, la Dialectique tient deux serpents à la main ; au portail de la cathédrale d'Auxerre, un serpent serre la taille de sa robe en guise de ceinture ; dans un bâtiment attenant à la cathédrale du Puy, elle anime, comme pour les faire battre, deux reptiles, serpents ou petits dragons ; dans la cathédrale de Rheims, la Dialectique semble étouffer le reptile. Le serpent est le symbole de la duplicité, de la ruse, et la dialectique est une science qui apprend surtout à déjouer la ruse et les mauvaises raisons des adversaires.

LE MERLE

L'OPINION qui fait considérer le merle comme l'emblème des dangereuses séductions auxquelles l'homme vertueux doit se soustraire, repose probablement sur le passage suivant des *Dialogues* de saint Grégoire :

« Saint Benoît se trouvant seul un jour vit arriver à lui un petit
« oiseau noir, vulgairement appelé *Merle*, qui se mit à voleter
« autour de lui, en lui frappant le visage de ses ailes. Le saint
« aurait pu se saisir facilement de l'oiseau, mais il le fit fuir d'un
« signe de croix. Pendant tous les jours suivants, il fut en proie à
« de si violentes tentations qu'il ne put en détruire l'effet qu'en

« se jetant tout nu sur les orties et les ronces qu'il trouva aux
« environs de sa cellule. Il en sortit le corps tout meurtri, mais
« l'âme délivrée des obsessions immondes qui étaient venues l'as-
« saillir. » Isidore atteste que les merles de l'Achaïe sont blancs.
Sur ce, les mystiques s'empressant d'opposer le merle blanc au
merle noir (de même que Platon opposait le coursier blanc au
coursier noir), considèrent le premier comme l'emblème des plaisirs
permis et le second comme l'image des voluptés impures. Ils y trou-
vent aussi la figure des deux sœurs Rachel et Lia, la vie contem-
plative et la vie active. Que de belles choses à propos d'un merle !

LE TIGRE

RAPIDE en sa course et terrible en sa colère, le tigre poursuit
le chasseur qui lui a ravi ses petits ; mais celui-ci à l'aide d'un
miroir échappe à son ennemi, qui se plaît à contempler son image ;
ne pouvant résister à cet attrait s'arrête complaisamment devant
le fatal miroir et ne songe plus aux petits qu'on lui a enlevés.

Deux chansonniers Adam de la Halle et Bestourné se sont com-
parés au tigre que les chasseurs prennent au miroir.

> En mon chant di que je sui tout sanblans
> A la beste qui tigre est appelée ;
> En plusors boss est main et soir manans,
> Et par chaut tens et par froide gelée.
> Par miréor la convient decevoir,
> A trestous ceaus qui la vuelent avoir ;
> Si le gete-on devant, emmi le vis,
> Et quant le voit, lors est si esbahis
> Qu'illueques est et retenus et pris.

Dans l'iconographie religieuse, le tigre séduit à la vue d'un miroir
dans lequel il se contemple, figure très-bien le vaniteux épris de sa
personne, et le maladroit Narcisse victime de son admiration pour
lui-même.

L'UNICORNE

CET animal n'a qu'une corne au milieu du front : il est le seul qui
ose attaquer l'éléphant. De son pied, tranchant *comme une ale-*

melle, il lui perce le ventre et l'*occit*. Les chasseurs, pour prendre cette bête formidable, font avancer une jeune vierge dans la forêt où elle a son repaire. Aussitôt que l'unicorne l'a aperçue, il se radoucit, accourt vers elle, se couche sur ses genoux, et se laisse prendre par les chasseurs. »

« C'est ainsi que Notre-Seigneur Jésus-Christ, qui avait voulu revêtir notre humanité dans le sein de la Vierge Marie, fut trahi par les Juifs et livré à Pilate (1). »

La croyance à l'existence d'un quadrupède unicorne ou monocéros, remonte à une très-haute antiquité : nous la trouvons dans les récits de Ctésias (2), amplifiés par Elien (3) et reproduits par les naturalistes et les poëtes. Cuvier, dans ses notes sur le VIIIe livre de Pline, croit pouvoir conclure des différentes traditions relatives à ce sujet, que cinq animaux unicornes ont été décrits par les anciens : ce sont l'âne indien, le cheval unicorne, le bœuf unicorne, le monocéros proprement dit, et enfin l'oryx d'Afrique. Tout cela pourrait bien n'avoir été qu'une mauvaise appréciation du rhinocéros (4).

Quant au conte qui fait tomber le terrible animal aux pieds d'une jeune fille, il est aussi très-ancien, et il est arrivé jusqu'à nous augmenté et embelli par l'imagination orientale. Les écrivains arabes cités par Bochart (5), font connaître les propriétés merveilleuses attribuées à la corne du monocéros, qui est longue d'une demi-toise. Selon Ctésias, on en faisait des vases à boire, et ceux qui s'en servaient n'étaient sujets ni aux convulsions, ni à l'épilepsie, ni à être empoisonnés, pourvu qu'avant de prendre du poison, ou qu'après en avoir pris, ils bussent dans ces vases de l'eau, du vin ou d'une autre liqueur quelconque. Un auteur arabe assure que, si l'on coupe cette corne par le milieu en long, on y trouve la figure

---

(1) Sic Dominus Jesus-Christus, spiritualis unicornis, descendens in uterum Virginis per carnem ex ea sumptam captus a Judæis, morte crucis damnatus est (*Hugues de Saint-Victor*).

(2) *Indica*, cap. XXV.

(3) Lib. IV, cap. LII.

(4) Les Anglais qui paraissent plus curieux que d'autres de retrouver la *Licorne* dans la nature, parce que c'est un des supports des armoiries royales, ont prétendu récemment qu'il en existe dans l'intérieur de l'Afrique et dans l'Hindostan. Mais cette assertion, dit Cuvier, n'a pour elle aucun Européen pour témoin oculaire.

(5) *Hierozoïcon*, liv. III, ch. XVI, 1re partie.

d'un homme, d'un oiseau ou de quelqu'autre objet dessiné en blanc avec beaucoup de délicatesse, et occupant toute la surface interne de cette corne, depuis la base jusqu'au sommet.

Mais, sans nous arrêter à rappeler tout ce que rapportent « les « Levantins en leurs légendes » nous ferons remarquer que l'histoire de l'unicorne, réduite aux circonstances mentionnées dans les Bestiaires, ne pouvait manquer d'être saisie avec empressement pour l'enseignement religieux, auquel elle offrait une de ses plus ingénieuses allégories (1). On conçoit aisément les motifs qui ont rendu son emploi fréquent dans l'iconographie chrétienne. C'était un sujet tout à fait propre à devenir promptement populaire : Bestiaires divins ou Bestiaires d'amour se seraient bien gardés de ne pas en orner leurs récits. MM. Martin et Cahier ont vu sur les vitraux de la cathédrale de Bourges la représentation du mystère de l'incarnation sous l'allégorie d'une chasse de licorne. La bête est lancée par deux limiers accouplés que suit un ange sonnant du cor et la licorne (figure de J.-C.) se jette dans le sein de la vierge Marie qui l'attend assise. Les deux paires de chiens sont là miséricorde et la vérité, la justice et la paix ; le piqueur ailé, l'archange chargé de l'annonciation. L'unicorne reposant sur les genoux d'une jeune fille, et sur le point d'être tuée par le chasseur, est aussi représentée sur un des piliers de l'église Saint-Pierre de Caen, à côté du pélican. Non loin de là sont aussi reproduits par le sculpteur deux sujets empruntés aux fabliaux, Aristote sellé et bridé portant sur son dos la maîtresse d'Alexandre fière de tenir en laisse la philosophie dans la personne de son plus illustre représentant, et Virgile suspendu en l'air dans un panier, victime de la vengeance d'une autre femme.

Thibault, comte de Champagne, qui paraît très-versé dans la connaissance de notre zoologie légendaire, s'est comparé à l'unicorne dans le couplet suivant, que nous reproduisons, pour montrer combien étaient devenus familiers les sujets traités dans les ouvrages tels que celui de Guillaume et de Richard de Fournival :

> Ainsi com unicorne sui,
> Qui s'esbahit en regardant,
> Quant la pucelle va mirant,

(1) *Hexaeméron*, p. 40 ; Pierre Damien, lib. II, *Epître* 8 ; Manuel Philé *De l'Onagre et de sa Corne* ; Albert-le-Grand, *De Animalibus*, lib. XXII, tract. 2 ; etc., etc.

Tant est lie de son ami;
Pasmee chiet en son geron;
Lors l'ocit on en traïson.
Et moi ont fait de tel semblant
Amors et ma Dame, por voir :
Mon cuer n'en puis point ravoir (1).

LA PANTHÈRE

En *droit roman*, la panthère se nomme *louve cervière* (2). Elle n'a jamais eu sa pareille au monde : elle est blanche, rose, violette, bleue, jaune, verte, noire et grise. Quand elle a bien bu et bien mangé, elle fait entendre un mugissement qui s'entend de tout le pays à l'entour ; et il sort de sa *bouche* une si bonne odeur, qu'il n'est dans le voisinage aucune bête qui puisse s'empêcher de venir à elle et de se mettre à sa suite. Le dragon seul n'a plus tôt senti cette odeur, qu'il s'enfonce dans la terre et s'y cache, sans oser en sortir.

En exagérant quelques-unes des propriétés reconnues à la panthère par Aristote, Théophraste, Elien et Pline, l'auteur du *Physiologus* a pu facilement composer la description de cet animal telle que nous la donnons ici (3). Nous trouvons déjà dans l'*Hexaemeron* d'Eustathe, les éléments de l'explication donnée par les Bestiaires. « Je suis en la maison de Juda le lion, et dans celle d'Ephrem la panthère. » Comment rendre raison de cette comparaison faite par Osée (4) ? Rien de plus simple. Jésus-Christ n'a-t-il pas appelé à lui toutes les nations, depuis les païens jusqu'aux enfants d'Ismaël eux-mêmes ? C'est ce qu'annoncent les couleurs variées dont est ornée la panthère. Ses commandements, plus doux que tous les parfums, c'est cette haleine odorante à laquelle les animaux ne

---

(1) *Poësies du roi de Navarre*, t. II, p. 70.

(2) Philippe de Thaun donne ce nom à l'hyène; aujourd'hui le loup-cervier est le lynx.

(3) Nous n'avons pas à établir quel était au juste l'animal désigné sous le nom de *panthère* ou de *panther*, deux noms que Buffon ne veut pas que l'on confonde. C'est un point sur lequel Bochart a fait une assez longue dissertation, sans conduire à un résultat bien satisfaisant. *Hierozoïcon*, t. I, p. 802 et suiv.

(4) Ch. V, v. 14.

peuvent résister : *In odore unguentorum tuorum curremus* (1). Les poëtes du moyen âge ont connu la propriété de la panthère : Bernard de Ventadour y fait ainsi allusion :

> Ensement com la panthère
> Qui porte tans bone *odor*,
> Que non est beste sauvage
> Que par force et par outrage, etc. (2).

Cette bonne odeur exhalée par la panthère lui sert, d'après Elien, à attirer à elle les animaux qu'elle dévore, lorsqu'ils se trouvent à sa portée.

Pour peu que l'on veuille presser les termes de la comparaison afin d'en faire sortir de nouveaux rapports, on fera remarquer, avec Hugues de Saint-Victor (3), que ce n'est qu'après trois jours de sommeil que la panthère, rassasiée de nourriture, sort de sa retraite et donne le signal qui attire tous les animaux sur ses pas. Ce ne fut qu'après trois jours aussi que Jésus-Christ, abreuvé d'humiliations et rassasié des mauvais traitements que lui avaient fait souffrir les Juifs, sortit de son tombeau pour le salut du monde. Et le mauvais homme qui, ne pouvant ouïr la parole divine ni en souffrir l'ineffable douceur, se tient éloigné de l'Eglise, par qui peut-il être figuré, sinon par le dragon qui s'enfuit devant la panthère ? Mais ce dragon n'est-il pas plus expressément encore l'image de Satan, qui, à la venue du Sauveur, s'est enfui au plus profond de l'enfer où Notre-Seigneur est allé le chercher et le punir ?

Les commentateurs n'auraient pas été plus embarrassés pour trouver une glose convenable au fait mentionné par saint Isidore, qui raconte que les petits de la panthère ne peuvent sortir du sein de leur mère sans le déchirer cruellement avec leurs ongles ; ni à celui que le *Physiologus* lui-même avait emprunté à Pline, lequel expose comment les Hyrcaniens parvenaient à prendre les panthères en laissant à leur portée des viandes empoisonnées, et comment ces animaux s'y prenaient pour rendre nuls les effets du poison (4).

(1) *Cantique des Cantiques*, ch. 1, v. 3.
(2) Cité par l'abbé De La Rue, p. 69, t. 1er.
(3) *De Bestiis*, cap. XXIII, p. 426.
(4) Ap. *Vincent de Beauvais*, l. XIX, ch. 200.

LE PAON

On lit dans la *Bible historiale* : Le paon, disent les vieilles femmes, a la voix du Diable, la tête du serpent, le pas du larron et la plume de l'ange.

L'auteur du *Volucraire*, Osmont, le clerc (1), dit que le paon chante d'une manière hideuse et que sa tête ressemble à celle du serpent. Il possède une merveilleuse queue qu'il s'empresse d'étaler, en faisant la roue, aussitôt qu'il s'aperçoit qu'on l'admire. Il lève alors avec orgueil sa tête; mais il la baisse tristement, lorsqu'il regarde ses pieds. D'après l'explication donnée par le bon clerc, le paon dont la voix épouvante, figure le prédicateur qui, en tonnant contre le péché, nous le fait détester. Sa marche est noble et majestueuse : Le fidèle marche avec la même sûreté dans la voie de la vertu. L'homme, heureux et fier quand il a fait le bien, peut, comme le paon, lever la tête et faire la roue : mais quand il jette les yeux sur la Sainte Ecriture qui lui apprend la bassesse de la condition humaine, il baisse humblement la tête. La poitrine du paon est belle et ferme; elle est couverte de brillantes plumes d'azur : telle doit être l'âme pure et sainte. Les yeux qui parent la queue du paon, sont l'emblème des vertus qui doivent orner le cœur de l'homme. Il ne saurait avoir les yeux trop ouverts sur lui-même : mille fois par jour il doit se regarder, afin de se mieux connaître. Selon l'opinion de certains naturalistes amis du merveilleux, la chair du paon ne se corrompt jamais ; elle ne subit pas la loi de destruction à laquelle toute chair est sujette. Cette propriété fournit à saint Augustin, le raisonnement suivant :

« Les infidèles, dit-il, me demandent comment les corps des dam-
« nés subsistent, sans se consumer au milieu des flammes éter-
« nelles. Qu'ils me disent pourquoi la chair du paon est si dure

(1) Le *Volucraire* ne décrit qu'un petit nombre d'oiseaux, il se termine par ces quatre vers :

> Dou latin a trait ceste rime
> Osmons li clers par soi méisme,
> Proiez por lui : si ferez bien,
> Qu'il ne vous a menti de rien.

« qu'elle ne se corrompt jamais ? Ce privilége, le corps du divin
« Platon ne l'a pas eu et le paon le possède. » On sait maintenant
que le paon n'est pas sur ce point plus privilégié que le divin Pla-
ton. Si donc l'argument de saint Augustin a pu paraître péremp-
toire aux infidèles de son temps, on peut croire qu'il aurait peu de
poids auprès des incrédules du nôtre.

On a quelquefois symbolisé l'Église par le paon, qui figure alors
la sollicitude maternelle avec laquelle elle étend sa surveillance sur
l'universalité de ses enfants.

LA GRUE

Les anciens, en ce qui concerne les grues, aimaient surtout à
répéter les récits dans lesquels les poëtes ont célébré les pré-
tendus combats de ces oiseaux contre les Pygmées, nains de deux
pieds de haut, dont la patrie n'a jamais été indiquée avec préci-
sion. Au moyen âge, les mystiques les ont proposées aux religieux
comme des modèles d'ordre et de vigilance. Leur vol est élevé,
leur marche régulière, les plus habiles servent de guides à la troupe
voyageuse, qu'elles animent de la voix, faisant place à d'autres
lorsqu'elles sont fatiguées. Pendant la nuit, des sentinelles font la
garde en tenant dans une de leurs pattes de petites pierres dont la
chute doit les réveiller si elles venaient à s'endormir. Il est facile
de développer un pareil texte, pour montrer dans ces prudents
oiseaux un salutaire exemple à suivre. Il faut, comme les grues,
élever son vol vers les régions supérieures, obéir à la voix des su-
périeurs qui veillent pour la sécurité commune et combattent l'in-
fluence des esprits infernaux. Le frère qui fait la garde porte le
Christ en son cœur, comme la grue porte dans la patte la pierre
qui doit la préserver du danger. Occupé du salut de tous, il doit
avoir grand soin de conserver sa pierre, c'est-à-dire de ne pas
perdre de vue la loi donnée par son divin maître; sans cette pré-
caution, il s'endormirait dans le sommeil du péché. On dit que
les plumes de la grue deviennent de plus en plus noires à mesure
qu'elle vieillit; c'est l'emblème du vieillard, dont l'âme se trouble
et s'obscurcit au souvenir des fautes qu'il a commises et sur lesquelles
il gémit. C'est ainsi, disent les écrivains religieux, après les Pères

de l'Eglise, que les oiseaux peuvent servir à tracer aux hommes pieux la route qu'ils doivent suivre.

L'HIRONDELLE

L'HIRONDELLE connaît le temps convenable pour se mettre en voyage, et Israël n'a pas connu l'arrivée du Seigneur (1). Elle est dans ce cas le symbole d'une prévoyance supérieure à celle des hommes. C'est une hirondelle qui, laissant tomber, en volant, de sa fiente sur les yeux de Tobie, fut cause qu'il perdit la vue. Elle signifie alors, selon Bède le Vénérable, l'orgueil et la légèreté (2). Elle fait tout en volant ; on ne saurait compter les tours et détours (les méandres, comme dit Buffon), de son vol aérien. Le sage docteur dont elle est alors l'image, ne s'attache pas à la terre, et s'élève vers les régions supérieures ; son esprit investigateur cherche à pénétrer dans tous les mystères des Saintes Ecritures. Aucun oiseau de proie ne peut saisir l'hirondelle : aucune ruse du démon ne saurait surprendre un saint docteur. Après le froid de l'hiver, elle revient joyeuse messagère du printemps ; et c'est aussi après avoir quitté le froid mortel du péché, que le fidèle retrouve la douce chaleur de la vertu. L'hirondelle, dit Tertullien, après avoir crevé les yeux de ses petits peut leur rendre la vue : image du pécheur qui sort de son coupable aveuglement. Toutes ces similitudes sont sérieusement développées par Hugues de Saint-Victor et les autres écrivains, pour qui tout dans la nature est mystère et symbole.

LE PÉLICAN

LE pélican est un oiseau merveilleux qui habite les bords du Nil. Il en est de deux espèces : l'une ne vit que de poisson et l'autre mange des vers. Quand les petits du pélican sont devenus grands, ils frappent leur père à coups de bec, et celui-ci dans sa colère

(1) Saint Jérome, 8.
(2) In Tobiam, 2.

les tue. Mais trois jours après, il revient vers eux, se déchire le flanc avec son bec, et son sang répandu sur ses petits les rappelle à la vie.

Il ne s'agit point ici, dit Guillaume, d'un conte d'Arthur, d'O-gier ou de Charlemagne. Nous sommes les enfants du Dieu qui nous a nourris et nous fait croître, et nous l'avons frappé au visage : nous l'avons renié, et il nous a abandonnés aux mains du félon perfide. Mais, malgré nos crimes, Jésus-Christ nous a soustraits au pouvoir de Satan et à la mort, en versant pour nous son sang précieux.

Elien (1), d'après Aristote, dit au sujet du pélican, qu'il avale des coquillages, et qu'après les avoir réchauffés dans son estomac, il les rejette tout ouverts, et de cette manière se procure des aliments. C'est au *Physiologus* que saint Epiphane emprunte le récit qui fait de cet oiseau l'emblème de l'amour paternel et le symbole du plus profond mystère de la religion chrétienne. S'autorisant du texte : *Similis factus sum pelicano solitudinis*, simple allusion sans doute à la tristesse qui fait rechercher au pélican les lieux tristes et déserts, il y ajoute le commentaire si souvent reproduit depuis.

Dans l'admirable hymne de saint Thomas-d'Aquin, *Adoro te sup-plex*, etc. Jésus-Christ y est figuré par le pélican :

> Pie Pellicane, Jesu Domine
> Me immundum munda tuo sanguine
> Cujus una stilla salvum facere
> Totum quit ab omni mundum scelere.

M. Didron a vu dans le chœur de l'église de Haarlem un ancien lutrin qui servait en même temps de tronc. Il se compose d'un pélican qui s'ouvre le ventre, et c'est par cette plaie, stigmate de la charité par excellence, que les fidèles introduisaient leurs aumônes. Beau motif que je ne connaissais pas encore, dit-il. Il existait un lutrin du même genre dans le chœur de l'église de Saint-Amé, à Douai.

Elien s'était borné à le ranger, comme la cigogne, parmi les oiseaux qui témoignent leur tendresse pour leurs petits en rejetant, pour les nourrir, les mets qu'ils ont avalés ; c'est sur ce dernier

---

(1) *De Animalibus*, lib. III, p. 20 et 23.

fait que les Egyptiens avaient fondé leur opinion sur la bonté du
pélican ; et, d'après Horus, ce serait le vautour qui donnerait
l'exemple d'un dévouement plus admirable, en se frappant la cuisse
pour nourrir ses petits du sang qui en jaillit.

Quoi qu'il en soit, les circonstances dont est accompagnée l'action
que le *Physiologus* attribue au pélican, et dont aucune observation
ne prouve la réalité, sont, comme les légendes devenues tout à
fait populaires, l'objet des récits les plus divers. Selon saint Epi-
phane, c'est la mère, qui, par la vivacité de ses caresses, étouffe
ses petits qu'elle rappelle trois jours après à la vie en s'immolant
pour eux. Isidore dit simplement qu'ils sont tués par leur père.
Dans les auteurs cités par Albert-le-Grand et Vincent de Beauvais, ce
n'est qu'après avoir été frappé lui-même par ses petits, qu'il s'irrite
jusqu'à leur ôter la vie, et il la rachète ensuite au prix de son
sang. Comme la méchanceté des petits fait ressortir davantage la
tendresse du père, qui rend ainsi le bien pour le mal, Hugues de
Saint-Victor admet de préférence cette dernière version, qui est
aussi, comme on le voit, celle de Richard de Fournival ; et il l'ap-
püie sur cette parole d'Isaie : *Filios enutrivi et exaltavi, ipsi autem
spreverunt me.* Voici le commentaire de l'écrivain mystique : « Nous
avions frappé notre Dieu au visage ; nous avions abandonné ses
commandements ; nous l'avions renié lui-même. Et cependant il a
livré son Fils au supplice ; la lance d'un soldat a percé le flanc
d'où sont sortis l'eau et le sang qui ont servi à notre rédemption.
L'eau est la grâce du baptême, et le sang, le calice qu'il nous a
donné à boire, pour la rémission de nos péchés. »

Dans les vers consacrés au pélican par les auteurs de l'*Image
du Monde*, c'est un serpent qui, s'emparant de son nid pendant son
absence, immole ses petits :

> Quant ses poucins laisse, et revient
> Pour paistre, aussi com il covient,
> Les trueve mors, ce li est vis ;
> Lors fiert son bech dedens son pis,
> Tant que li sanc en raie fors,
> Dont li poucin revienent lors (1).

_____

(1) L'*Image du Monde*, ou le *Livre de Clergie*, Ms. de la Bibl. Nat. *Les
contrées d'Ynde.*

C'est ainsi qu'au xvɪᵉ siècle, Du Bartas racontait le fait dans sa
Semaine, en empruntant son style à l'école de Ronsard, et sa science
aux travaux érudits de Belon, de Rondelet, de Gesner et d'Aldrovande.

> Car si tost qu'il les void meurtris par le serpent,
> Il besche sa poictrine et sur eux il respend
> Tant de vitale humeur, que, réchauffez par elle,
> Ils tirent de sa mort une vie nouvelle :
> Figure de ton Christ qui s'est captif rendu,
> Pour afranchir les serfs ; qui, sur l'arbre estendu,
> Innocent a versé le sang par ses blessures,
> Pour garir du serpent les léthales morsures,
> Et qui s'est volontiers d'immortel fait mortel,
> Afin qu'Adam fût fait de mortel immortel (1).

Vincent de Beauvais et Albert complètent ces détails sur le pélican
en ajoutant qu'épuisé par la perte de son sang, il est obligé de
rester dans son nid ; alors, parmi ceux pour lesquels il s'est dévoué,
les uns trop paresseux pour sortir, se laissent mourir de faim ; les
autres pourvoient à leur nourriture et à celle de leur père ; d'autres
ne songent qu'à eux-mêmes, et ne paient ses bienfaits que par une
noire ingratitude. Mais aussitôt qu'il a recouvré ses forces, il sait
exercer à leur égard une justice distributive, en traitant chacun
d'eux selon ses œuvres.

En résumant cette longue suite de récits relatifs à un acte de ten-
dresse que l'Eglise a choisi comme le symbole du plus sublime des
sacrifices, nous ne pouvons oublier les beaux vers dans lesquels un
poëte contemporain (2) rajeunissant un sujet sur lequel la poésie
semblait avoir épuisé toutes ses formes, a fait du pélican l'emblème
des poëtes qui ont été les martyrs de leur génie, et qui ont dû
quelquefois *leurs plus beaux chants aux plus grandes douleurs :*

> Lui gagnant à pas lents une roche élevée
> De son aile pendante abritant sa couvée,
> Pêcheur mélancolique, il regarde les cieux !
> Le sang coule à longs flots de sa poitrine ouverte
> En vain il a des mers fouillé la profondeur ;
> L'Océan était vide et la plage déserte ;
> Pour toute nourriture il apporte son cœur, etc.

---

(1) *Le cinquiesme jour de la sepmaine*, p. 247 (*Œuvres* de Guillaume
de Saluste de Du Bartas, Paris, 1611, in-fᵒ).

(2) Alfred de Musset (*Poésies diverses, La Nuit de Mai*, p. 340. Char-
pentier, Paris, 1846.

a été si souvent l'objet. Mais les ailes que lui donne Richard et les détails qu'y ajoute Philippe de Thaun,

> E teste ad de liun
> E cue al de peissun

lui donnent des rapports avec le dragon dont parle l'auteur des *Proprietez des bestes :* « Quand le dragon voit une nef en la mer, et le vent est fort contre la voille, il se met sur le tref pour cueillir le vent pour soy reffroidir et est aucuneffoiz le dragon si pezant et si grant, qu'il fait aucuneffois verser la nef par sa pezanteur. Quant ceulx de la nef le voyent approucher, ils ostent la voille pour eschapper du dangier » (1).

Le grand péril de mer que rappelle l'idée de la serre, semble se rattacher aux traditions sur ces immenses serpents marins dont il est souvent question dans les poésies des peuples du Nord, et dans celles de nos écrivains du moyen âge. On trouve dans le Voyage de saint Brandaine au paradis terrestre (2) :

> Veint vers eals un marins serpenz
> Qui enchaced plus tost que venz ;
> Li fus de lui issi embraise
> Cume une boche de fornaise,
> Sans mesure grant est li cors
> Plus braiet il que quinze tors,
> Sur les undes que il muveit,
> Par grant turment plus s'estuveit.

Toutes ces traditions réunies ont fini par donner l'idée du fameux serpent de mer (le kraken du Nord) (3), décrit par Olaus Magnus, et dont la première mention remonte sans doute jusqu'au Léviathan de la Bible.

Dans le fait raconté par nos auteurs, la circonstance capitale est ce découragement qui saisit la serre lorsque, pour nous servir des expressions de Pierre le Picard, « l'alaine li faut et que *recroire* (4)

---

(1) Ap. B. de Xivrey, *Traditions tératologiques*, p. 444.

(2) Légende publiée par M. Ach. Jubinal, Paris, 1836.

(3) Voir une notice sur le Kraken, par M. A. Pichot, dans le *Monde enchanté*, par M. Ferdinand Denis, p. 235 et suiv.

(4) Les mots *recroire, recreant,* fréquemment employés dans la poésie chevaleresque, signifient *se rendre à merci, s'avouer vaincu :* « Li sires cui ses compions est *recreanz,* pert respont en a court. » (Beaumoir, ch. XIII. Cf. Ducange, v° *recredere.*)

LE CASTOR

L E castor possède, dans une petite poche qu'il porte sous son ventre, un suc dont la médecine se sert avec avantage. Lorsqu'il se voit poursuivi, il se hâte de se débarrasser de l'objet qu'on cherche à lui enlever, et de le jeter au devant des chasseurs; à ce prix, il sauve sa vie.

Le chrétien, poursuivi par *le félon*, doit lui jeter à la face ce qui est à lui, c'est-à-dire la fornication, l'adultère, l'ivrognerie, etc. Le démon voyant qu'il n'a plus rien à prétendre, abandonne sa proie.

Nous n'avons point à nous occuper ici du *castoreum*, ni des propriétés médicales qui lui ont été attribuées par les anciens. Ils ont eu principalement en vue le castor de l'Euxin, qu'ils appelaient *castor ponticus*. Les naturalistes du moyen âge, et surtout les médecins arabes, ne se sont pas attachés à décrire ses mœurs et à observer de près ce génie de la construction, qui lui a valu depuis une si grande célébrité. Les pages éloquentes que Buffon a consacrées à l'animal qu'il appelle « l'architecte des forêts du Canada, » sont connues. Les détails que notre grand naturaliste empruntait aux récits des voyageurs lui avaient fourni la matière d'une description qui, en plus d'un point, a été rectifiée par la science moderne. Mais l'auteur et les traducteurs des *Physiologus* n'ont connu du castor ou *fiber* (1) que la plus contestable sans doute de ses propriétés. Elle leur permettait d'offrir, à l'aide d'une image dont ils ont assez ingénieusement tiré parti, la perspective du désappointement éprouvé par l'ennemi de notre salut, lorsque le pécheur qu'il avait rempli de ses inspirations funestes, brise ses chaînes, et, pour nous servir de l'expression de Guillaume, « les lui jette à la face. » Ils saisissent tout naturellement cette occasion de commenter ceux des textes

(1) Le castor, en langue romane, est appelé *bièvre.* Nous avons peine à croire, avec M. Bory de Saint-Vincent, que le nom de Bièvre que porte la rivière des Gobelins, venait de ce que ses rives furent autrefois fréquentées par des castors, quand elle ne coulait pas encore dans Paris, et que *la Gaule, couverte de forêts sauvages, devait ressembler bien plus au Canada qu'à la France.*

sacrés où se rencontrent des sentiments et des maximes qui paraissent tendre au même but (1).

LE PIC

L e pic, dit saint Epiphane, est un oiseau de plusieurs couleurs, de même que le diable dont il est l'image. Lorsqu'il trouve un arbre creux, ce dont il s'assure en y enfonçant son bec ou en y appliquant son oreille, il y fait un trou et y construit son nid. Mais si l'arbre est solide, il va porter son nid ailleurs (2).

C'est ainsi que le diable, *auscultant* l'homme, s'assure de la faiblesse et du vide de son cœur. Si sa poitrine sonne creux, il s'y établit; mais s'il sent de la résistance ou de la vigueur, il prend la fuite et va chercher une proie plus facile.

LE HÉRISSON

L e hérisson est très-adroit. Quand le raisin est mûr, il se dirige à petits pas vers la vigne, monte sur le pampre, le secoue et en fait tomber les graines ; puis, se roulant sur ces graines, il les perce de ses aiguillons et retourne à sa demeure tout chargé de butin.

« Si le diable s'aperçoit que tu te montres disposé à te laisser aller aux préoccupations mondaines, il se hâte de courir sur toi; il secoue ta vigne ou ton pommier spirituel, et t'enlève tous les fruits que tu aurais pu en recueillir. »

Aristote, Élien et Pline ont parlé du hérisson dans les mêmes termes. Le premier lui attribue une prévoyance vantée par saint Ambroise, et qui le porte à donner à son habitation deux ouvertures opposées, l'une au nord et l'autre au midi, en sorte qu'il peut toujours protéger sa demeure contre le vent. Son adresse à s'emparer des fruits

---

(1) « Reddite omnibus debita; cui tributum, tributum ; cui vectigal, vectigal; cui honorem, honorem. » Saint Paul, *Ad Romanos Epist.*, cap. XIII, v. 7.

(2) On prétendait que cet oiseau devait son nom à Picus, fils de Saturne, qui l'employait fréquemment lorsqu'il consultait les auspices.

de la vigne amenait tout naturellement les commentaires mystiques :
Posuerunt me custodem in vineis, dit Salomon, *et vineam meam
non custodivi* (1). L'idée du hérisson devait donc rappeler celle de
l'ennemi toujours vigilant, qui enlève au chrétien les fruits de ses
bonnes œuvres. Elien dit qu'il s'attache de préférence aux fruits du
figuier (2), ce qui rendrait l'assimilation au démon tout aussi natu-
relle ; il y ajoute des détails sur le soin avec lequel il conserve ses
provisions pour l'époque où la terre ne produit plus de fruits. Saint
Grégoire, admirant aussi l'habileté avec laquelle il se défend contre
ses ennemis en se roulant sur lui-même et en opposant à leurs at-
taques un globe hérissé de pointes, tire de cette circonstance une
leçon pour engager l'homme à montrer la même adresse pour se
garantir des piéges que lui tend le démon (3).

L'HYDRE et LE CROCODILE ou COQUATRIX

L'HYDRE est un animal moult sage et qui sait bien faire dommage
au coquatrix. Le coquatrix est cette fière bête qui vit dans le
Nil. Il a vingt coudées de long, quatre pieds armés d'ongles, les dents
aiguës et tranchantes. S'il rencontre l'homme, il le tue ; mais il en
demeure inconsolable pendant le reste de sa vie. Lorsque l'hydre,
qui est plus habile que son ennemi, le voit plongé dans le sommeil,
elle va se rouler dans la fange, et quand elle en est toute souillée,
elle s'élance dans la gueule du coquatrix, pénètre dans son ventre et
lui déchire les entrailles.

« De même que le serpent tue le coquatrix, de même Notre-Sei-
gneur Jésus-Christ, en enveloppant sa divinité dans un corps hu-
main, a pu tuer et l'enfer et la mort ; « O mort, avait-il dit, je serai
ta mort ! »

---

(1) *Cantique des Cantiques*, cap. I, v.5.
(2) *De Animalibus*, lib. III, chap. x.
(3) Nous renvoyons à Pline (liv. VIII, chap. 56) pour les moyens employés
par le hérisson dans le but de détériorer sa peau et ses aiguillons, parties
pour lesquelles il sait bien qu'on le poursuit. Nous n'avons pas à nous
occuper non plus des remèdes que la chair ou les os brûlés du hérisson de
mer peuvent offrir, selon Avicenne et les médecins arabes, qui, du reste, ont
emprunté une partie de leurs recettes à Elien, liv. XIV, chap. IV.

On reconnaît ici les détails donnés par les écrivains anciens sur le combat de l'ichneumon contre l'aspic et contre le crocodile. Pline (1) nous montre l'ichneumon se roulant dans le limon ainsi que l'hydre de nos Bestiaires, et marchant sur son ennemi après s'être cuirassé en quelque sorte de plusieurs couches de boue. Dans sa lutte contre l'aspic, il tient sa queue droite, et se présentant par derrière, reçoit des morsures impuissantes jusqu'à ce que, épiant de côté le moment favorable, il saisisse son ennemi à la gorge. C'est lorsque le crocodile, chatouillé agréablement par le bec du *trochilus* (2) entré dans sa gueule qu'il nettoie en sautillant, a dilaté le plus qu'il a pu son gosier, que l'ichneumon s'y élance comme un trait et lui ronge les intestins.

Les anciens avaient aussi doué le crocodile de cette sensibilité équivoque, qui le faisait gémir sur le sort de l'homme devenu sa victime ; ce qui l'avait fait prendre pour un des symboles de l'hypocrisie (3). L'auteur du *De Natura Rerum* (4) attribue le même fait aux harpies, et il en donne une raison assez spécieuse : « Les harpies, dit-il, sont des monstres ailés qui ont des visages humains. Poussées par une faim toujours dévorante, elles tuent le premier homme qu'elles rencontrent dans le désert qu'elles habitent ; mais quand elles ont aperçu sa figure, elles poussent des cris de douleur, en reconnaissant en lui leur propre image.

« S'il en est ainsi, dit un théologien du xiiie siècle, Jean de Galles (5), quelle doit donc être la douleur de l'homme, qui a reçu la raison en partage, lorsqu'il a immolé son semblable, que dis-je, son frère en Jésus-Christ, que Dieu lui avait commandé de chérir comme lui-même ! »

----

(1) *Histoire naturelle*, liv. VIII chap. xxxvi et suivant.

(2) Le roitelet : « Adonc vient ung petit aiziau comme roytellet ou Roy Bertault qui lui volle par devant la gueule pour lui faire ouvrir. » (*Des Proprietez des bestes*, p. 527.) Le nom de *Roy Bertault* est resté dans la langue populaire.

(3) Saint-Just a dit dans son réquisitoire contre Danton et ses coaccusés : « Le crocodile pleure aussi ! »

(4) Ap. Vincent de Beauvais, *Speculum naturale*, lib. XVI, fo 203.

(5) Nous empruntons ce passage à l'extrait d'un des ouvrages inédits de Jean de Galles, que notre confrère, M. Charma, a publié dans sa *Notice sur un Manuscrit de la Bibliothèque de Falaise* : « Multo magis homo ratione preditus debet dolore se occidisse hominem similem sibi, et maxime christianum commembrum suum, quem precepit ei Deus diligere sicut se ipsum. » (*Mémoires de la Société des Antiquaires de Normandie*, 2e série, IXe vol., p. 51.)

L'auteur du *Physiologus* ne s'était nullement occupé de s'assurer de la vérité du fait qu'il racontait. Il lui paraissait heureusement choisi pour offrir une nouvelle figure du triomphe remporté sur l'enfer et sur la mort par le Sauveur des hommes, et il était fier de pouvoir s'écrier avec l'Apôtre : *Ubi est, mors, victoria tua ? Ubi est, mors, stimulus tuus* (1) ? Car, comme le dit Philippe de Thaun, ainsi que l'hydre sort vivante du ventre du crocodile qu'elle met à mort, ainsi Notre Seigneur Jésus-Christ

> Vis entrat en enfern
> E vis isit de enfern,
> D'enfer les bons getat
> E les mals i laissat.

LA SERRE

LA serre est un monstre ailé, qui habite les mers. Quand elle voit un vaisseau cingler à pleines voiles, elle étend ses ailes pour y recueillir tont le vent, et court de toutes ses forces en avant du vaisseau. Mais quand elle est fatiguée de ce travail inutile, elle replie ses ailes comme si elle s'avouait vaincue, et se laisse engloutir par les flots.

« Le monde est une mer, que les hommes de bien traversent sans crainte ; et la serre est l'image d'hommes qui après avoir bien commencé, se découragent et se laissent vaincre par la paresse : ils succombent alors aux tempêtes, c'est-à-dire aux vices et aux péchés. »

Pline a cité et non décrit (2) un animal auquel il donne le nom de *serra*. C'est peut-être celui dont parle saint Isidore ; mais la description que celui-ci en fait, prouve qu'il n'a pas eu en vue le monstre que mentionnent les Bestiaires, *serra nuncupatur, quia serratam cristam habet, et subter natans naves secat* (3) ; ce qui pourrait désigner jusqu'à un certain point l'espadon ou la scie. La propriété d'arrêter les vaisseaux rappelle les récits dont l'*echineis* ou *remora*

(1) Saint Paul, *Ad Corinthios Epist.* I, cap. XV, v. 55.
(2) Pline, liv. IX, chap. II, liv. XXXII, chap. II.
(3) *Originum*, lib. XII, p. 82.

le convient, par le grant travail et par les grandes ondes. » Rien
ne devait paraître plus propre que cette image à caractériser le
manque de persévérance que les prédicateurs se plaignent si sou-
vent de rencontrer parmi les chrétiens ; la vertu doit se mesurer
en effet, non sur l'intensité, mais sur la continuité des efforts.

LA TOURTERELLE

C'EST un oiseau qui moult aime et qui moult est aimé. Il séjourne
sur les branches des arbres. Quand il perd sa compagne, il est
plongé dans la douleur et lui demeure toujours fidèle.

« Quand je vois la tourterelle, je m'étonne que l'homme et la femme
qui ont fait vœu de s'aimer toujours tiennent si mal leur serment. »

« La tourterelle, c'est la sainte Eglise, qui ayant vu son loyal
époux Jésus-Christ battre, *pener* et crucifier, en eut le cœur angois-
seux, lui garda sa foi et toujours attend sa venue. »

Adoptée de tout temps comme un emblème de la fidélité conju-
gale, la tourterelle figure aussi l'Eglise, cette chaste épouse de Jésus-
Christ, dont rien ne doit altérer l'amour ni lasser la constance.
Aucun éclaircissement n'est donc nécessaire, soit sur sa description,
soit sur les considérations qu'elle a inspirées aux Pères de l'Eglise (1),
empressés de développer un des plus heureux thèmes que pussent
leur offrir les textes des livres saints (2). Tandis que le nid de la
tourterelle, le choix de l'arbre où elle pond, sa voix plaintive, sa
forme et sa couleur, le mouvement de son cou gracieux, se prêtaient
aux rapprochements, souvent plus ingénieux que justes, qu'imagi-
naient les écrivains mystiques, les moralistes trouvaient une source
d'inspirations délicates ou touchantes dans l'idée de ce tendre atta-
chement qui survivait, disait-on, à celui qui en était l'objet (3).

(1) Saint Basile, *Hexaëméron*, 8 ; saint Grégoire de Nazianze, *In præceptis
ad virgines*, cap. cxl; saint Grégoire de Nysse, *Homilia* III *in canticum*; saint
Epiphane, *In Physiologum*, p. 2,1 ; Eustathe, *Hexaëméron ;* saint Ambroise,
Hexaëméron, v. 19; saint Jérôme, *Contra Jovinianum*. p. 1, cap. XVII; saint
Augustin, *Cité de Dieu*, XVI : saint Bernard, *In cantica*, etc.

(2) *Psaume* LXXXIII, v. 4 ; *Cantique*, ch. II, v. 11 et 12 ; *Jérémie*, ch. VIII, v. 7.

(3) Le jour de la Circoncision, les Juifs offraient sur l'autel deux tourterelles,
emblèmes de la chasteté et d'une vie sage. La chasteté de la tourterelle est
l'objet, de la part de saint Cyrille, d'un petit poëme dans lequel il parle aussi

C'était la plus sévère leçon qu'ils pussent donner aux chrétiens qui, ainsi que le dit saint Basile, devraient rougir de rencontrer dans un faible oiseau un exemple qu'ils suivent si peu.

Guillaume condamne en termes énergiques ceux qui ont la mémoire du cœur si courte, ou qui ne sont pas contenus du moins par les exigences du devoir :

> Quant l'un vient de l'autre enterrer,
> Einz qu'il menjace deux repas,
> Veut autre aveir entre les braz (1).

A cette occasion, Guillaume, dans une longue digression, déplore l'état dans lequel était l'Eglise *en toute Bretagne la grant* au moment où il composait son livre. L'Eglise était alors, dit-il, si *mate* et si *périlleuse*, que l'on s'imaginait follement que son époux l'avait abandonnée. Ce passage n'est pas sans intérêt pour l'histoire de l'Angleterre à l'époque de l'Interdit.

LA PERDRIX

LA perdrix que nous connaissons et que nous mangeons volontiers est un oiseau très-rusé. Cette *larronnesse* couve les œufs d'autrui, ce qui ne lui profite guère ; car les petits éclos savent reconnaître les auteurs de leurs jours, et ils abandonnent la fausse mère pour la véritable.

> « La fausse mere remaint sole. »

« Lorsque le diable a emblé comme un larron les enfants de Dieu, et qu'il les a nourris en *mauvaisetés* et en *lécheries*, il croit

(d'après Elien) de celle du Porphyrion, à qui la vue de l'adultère cause une si grande douleur, qu'il se laisse mourir de faim ; il se pend même, si l'on en croit d'autres écrivains.

(1) Ces époux sont plus coupables encore que la mère d'Hamlet, que Shakespeare nous montre convolant à de secondes noces, avant d'avoir usé les souliers avec lesquels elle avait suivi le convoi de son premier époux :

> A little month, or ere those shoes were old
> With which she follow'ed my poor father's body,
> She married.

avoir fait d'eux ses fils. Mais quand ceux-ci entendent la voix de Dieu, « en l'église leur droicte mère, » ils reviennent à lui pleins de de repentir, et ils sont bien accueillis; car il est toujours temps de rentrer dans le sein de l'Eglise, qui a plus de joie d'un pécheur repentant que de quatre-vingt-dix justes. »

Nous donnons ailleurs quelques explications au sujet de la perdrix, considérée par les écrivains mystiques comme la figure du démon (1). Une longue suite de témoignages, depuis le *Physiologus* attribué à saint Epiphane jusqu'à l'auteur du Bestiaire d'Amour, attestent la perpétuité de la tradition. Nous n'avons pas besoin d'ajouter d'autres citations à celles que nous avons produites. On trouvera dans le *Speculum naturale* de Vincent de Beauvais (2) le résumé des erreurs, renouvelées pour la plupart des Romains et des Grecs, qui avaient cours à la même époque, sur les mœurs de la perdrix; sur l'adresse avec laquelle elle échappe au danger, tantôt en se couchant sur le dos après avoir pris entre ses pattes une motte de terre qui la cache aux yeux les plus clairvoyants; tantôt en boitant comme si elle avait été blessée, pour se faire suivre par l'oiseleur et l'entraîner bien loin du nid où repose sa couvée. Outre ces belles choses, le lecteur apprendra comment on guérit l'épilepsie, en délayant la cervelle d'une perdrix dans trois verres de vin; et il regrettera que la médecine curative ne soit pas tout à fait aussi simple aujourd'hui que le croyaient les empiriques du moyen âge.

L'AUTRUCHE

L E nom hébreu de l'autruche est *assida* et elle s'appelle en grec *camélon*. Elle a deux pieds de chameau. Ses ailes sont grandes, mais elle ne vole jamais. Elle pond au mois de juin, lorsqu'elle a aperçu dans le ciel une étoile qui a nom *Virgile*. Elle dépose alors ses œufs sur le sable et les oublie, ne songeant plus qu'à contempler son étoile. Les œufs sont échauffés par le soleil dans la *motte sablonnière*, et les petits en sortent sans le secours maternel (3).

(1) Dans l'ouvrage ayant pour titre : *L'Histoire naturelle légendaire*.

(2) Liv. XVI, p. 206. Cf. Aristote, *De Natura Animalium*, cap. IX; Plutarque, *De la comparaison des animaux*.

(3) Elien (liv. XIV, ch. XIV) dit que l'autruche pond jusqu'à quatre-vingts œufs. Alkazuin et Damir ajoutent qu'elle en fait trois parts. Elle couve les

« C'est l'image du prud'homme de bonne vie qui ne s'occupe que des choses *célestiennes*. Pourquoi l'homme que Dieu fit raisonnable, connaissant et *entendable*, ne préfère-t-il pas toujours ainsi les joies du ciel aux plaisirs terrestres ? »

L'autruche n'est plus ici l'animal qui, en cachant sa tête dans les broussailles, croit n'être point aperçu par les chasseurs, et qui engloutit sans discernement dans son estomac toutes sortes d'objets, les pierres, le fer même :

> L'ostriche fer mangue bien,
> Ne ja ne li grevera rien (1).

Grâces au *Physiologus*, au lieu d'être comme pour l'Egypte l'emblème de la stupidité, elle devient, pour le mysticisme chrétien, soit une des figures de la vie contemplative, soit l'emblème du retour du pécheur à Dieu. Si elle abandonne ses œufs, dit le *Physiologus*, ne croyez pas qu'elle les oublie entièrement. La vue de l'étoile qui l'avait avertie de l'époque de la ponte lui annonce aussi le moment où elle doit appeler ses petits à la vie, *en couvant ses œufs du regard.*

Aussi, lorsque l'on suspendait des œufs d'autruche dans les églises du moyen âge, ceux qui connaissaient le sens de ce symbole exposaient-ils, en s'appuyant sur le récit rapporté par nos Bestiaires, que l'homme peut bien, ainsi que l'œuf de l'autruche, être délaissé par Dieu, mais que, si le repentir pénètre dans son cœur éclairé par une lumière surnaturelle, il pourra rentrer en grâce et reprendre son rang parmi les fidèles. C'est ainsi que l'apôtre qui avait renié le divin Sauveur put obtenir son pardon. D'autres interprétant d'une manière un peu différente le récit relatif à l'autruche et à son étoile, enseignaient que l'homme, après avoir péché, peut encore revenir à Dieu, lorsque le Saint-Esprit a fait pénétrer dans son cœur la lumière et la foi (2).

La bonne réputation de l'autruche n'était point cependant établie d'une manière tellement solide qu'on ne la fît descendre quelquefois à un rôle moins brillant. Parmi les passages dans lesquels son nom est cité dans les Saintes-Ecritures, on avait remarqué celui de Job,

---

uns, en expose d'autres au soleil et enterre le reste. Ses petits éclos, elle les nourrit d'abord avec la substance liquide que contiennent les œufs qu'a échauffés le soleil, et plus tard avec les vers et les insectes attirés autour de ceux qu'elle a enfouis.

1) *L'Image du Monde*, au chap. : *De la Manière de nos Oisials.*

2) Guillaume Durand, *Rationale divinorum officiorum*, lib. 1, cap. III.

qui se plaint de son incurie, et compare ironiquement ses ailes à
celles de l'épervier et du héron (1). Comment pourrait-il s'élever sur
les ailes de la contemplation, celui que le poids d'un corps sur-
chargé de matière retient attaché à la terre ? Sous ce rapport, l'au-
truche pouvait représenter pour quelques écrivains ces hommes
incomplets, qui, religieux et spiritualistes à demi, ne s'élèvent que
pour retomber, et n'ont que des élans d'enthousiasme, sans pouvoir
réellement prendre leur essor vers les régions supérieures. L'au-
truche, dit le *Physiologus*, tient un œil attaché vers la terre et
l'autre élevé vers le ciel (2).

Nous avons parlé des œufs d'autruche suspendus dans les églises,
et de l'explication donnée à ce fait par un écrivain liturgique du xiiie
siècle. Au moment où nous livrons notre ouvrage à l'impression,
nous en trouvons une autre présentée par M. Didron, à propos d'un
des articles de l'inventaire des reliques conservées autrefois dans la
cathédrale d'Angers (3). Le quarante-huitième article de cet inven-
taire est ainsi conçu : « Il y a dans le grand reliquaire des œufs
« d'autruche soutenus par des chaînes d'argent. Le jour de Pâques,
« il faut mettre les œufs *sur l'autel de saint René,* avec les deux
« gazes. » « On prétendait au moyen âge, dit à ce sujet M. Didron,
que l'autruche pondait un œuf où le petit serait resté éternellement
emprisonné, si la mère n'était venue en briser la coquille avec du
sang délayé dans du miel. Au contact de ce sang, l'œuf se brisait
et le jeune oiseau s'échappait à tire-d'aile ; ainsi le Christ, par son
propre sang, brisa la pierre du tombeau et s'envola au ciel s'asseoir
à la droite de son père. L'œuf de l'autruche est donc la figure toute
naturelle du sépulcre de Jésus-Christ, et l'on comprend maintenant
que le jour de Pâques, ce grand jour de la résurrection, on ait placé
ces œufs d'autruche sur un autel. Mais cet autel lui-même n'est
pas arbitraire, du moins à Angers ; c'est celui de saint René, ou
pour mieux dire, et toujours par comparaison, l'autel du saint *né
deux fois,* du saint ressuscité comme le Sauveur du monde. »

(1) Job, cap. xxxix, v. 13.

(2) *Ap.* Vincent de Beauvais, liv. XVI, ch. ccxxxix. Cf. Pierre Valérien, liv.
XXV, ch. v; Hesychius, *Ad Plinium.* lib. X, cap. 1; Hugues de Saint-Victor,
De claustro animæ, cap. xxiii.

(3) *Annales archéologiques,* par M. Didron aîné, t. XI, 5e livraison, sep-
tembre et octobre 1851, p. 259. La communication de cet inventaire a ét
faite au Comité historique des arts et monuments, par M. Godard-Faultrier,
conservateur du Musée des antiquités d'Angers.

L'explication donnée par M. Didron se fonde sur une histoire lé-
gendaire de l'autruche, différente de celle que renferment les Bes-
tiaires. Les auteurs qui, comme Guillaume Durand, ont trouvé la
signification de ces deux œufs dans les notions généralement répan-
dues sur l'autruche, n'auraient pas été embarrassés pour expliquer
comment, avertie par une étoile lumineuse (emblème de celle qui
apparut aux Mages) du moment où elle doit pondre et de celui où
elle fera sortir les petits de l'œuf qui leur sert en quelque sorte
de tombeau, elle peut très bien symboliser les deux naissances que
rappelle le nom de *René*, c'est-à-dire la venue du Christ au monde
et la glorieuse résurrection que célèbre la solennité de Pâques. Ils
pourraient ajouter que l'œuf en général est considéré par les écri-
vains mystiques comme figurant la double naissance de l'homme,
l'une pour la terre, l'autre pour le ciel : « Les oiseaux, dit Hugues
de Saint-Victor, naissent deux fois : la première, lorsque l'œuf sort
du sein de la mère ; la seconde, lorsque l'incubation a donné à l'oi-
seau qu'il contient la forme, le mouvement et la vie » (1).

Que l'on s'appuie au reste sur le récit de Guillaume ou sur celui
que rappelle M. Didron, et dont nous aurions désiré que ce sa-
vant eût fait connaître l'origine, l'usage que mentionne l'inventaire
de la cathédrale d'Angers, est une nouvelle preuve des services
que peut offrir à l'archéologie religieuse l'étude de nos Bestiaires.

LA CIGOGNE

Voici quels sont les propriétés et les attributs de la cigogne. C'est
en frappant l'une contre l'autre les deux parties de son bec
qu'elle exprime sa volonté : c'est par leurs gémissements et par le
grincement de leurs dents que les coupables expriment leur douleur.
Les cigognes annoncent le printemps et font la guerre aux serpents :
les serpents sont les pensées perverses que l'homme doit repousser
et combattre. Elles traversent les mers pour gagner les hauts pla-
teaux de l'Asie : méprisant les vains tumultes du monde, le sage
n'a que des aspirations nobles et généreuses. On vante l'amour de

_____

(1) *De Bestiis*, p. 442.

la cigogne pour ses petits et la piété reconnaissante avec laquelle
ceux-ci soignent leurs parents affaiblis par l'âge. Ils arrachent leurs
vieilles plumes, et les couvent autant de temps qu'ils ont été couvés
eux-mêmes. C'est ainsi que les prélats agissent à l'égard de leurs
inférieurs ; ils leur arrachent les plumes de la légèreté et de l'esprit
mondain et les nourrissent de saintes doctrines. Ceux-ci, à leur
tour, témoignent leur gratitude envers leurs supérieurs, en les se-
condant de tout leur pouvoir, et en leur prodiguant leurs soins, afin
qu'ils puissent accomplir leur tâche spirituelle.

LA HUPPE

L E nid de la huppe est fait de boue et d'ordure ; mais ses petits
nourrissent leurs parents affaiblis par l'âge, les débarrassent
de leurs vieilles plumes, les réchauffent, les couvent comme ils ont
été couvés eux-mêmes autrefois.

« N'y a-t-il pas lieu de s'étonner de ce que l'homme, qui a la
raison en partage, pratique moins bien que cet oiseau le précepte
qui commande d'honorer son père et sa mère ? »

C'est sur l'autorité de l'ancien *Physiologus* que se fonde cette
opinion de la piété filiale attribuée à la huppe et à quelques
autres oiseaux, à la cigogne, par exemple (1). Les anciens Egyptiens
si l'on en croit Horus Apollon, avaient fait du cucupha le symbole
de la reconnaissance que doivent les enfants à leurs parents (2), et
son image était représentée sur le sceptre de leurs rois. Le même
fait est attesté par Elien (3).

Le motif qui faisait considérer la huppe comme un oiseau immonde
(*avis spurcissima*, dit Isidore), résulte de la manière dont elle fait
son nid. La huppe, dit Rhabanus, signifie les pécheurs criminels qui
vivent au milieu des ordures du péché. Aristote, Elien et Pline

---

(1) Les Grecs avaient formé du nom qu'ils donnaient à la cigogne un verbe
qui signifie *reconnaître un bienfait* ; et le scholiaste d'Aristophane appelle
Antipélargues certaines lois qui réglaient les soins que l'on devait donner à
ses parents (*Aves*, v. 1357 et suiv., éd. de Brunck, t. II, p. 215).

(2) « Gratum indicantes animum Ægyptii *cucupham* pingunt, propterea
quod solum hoc ex mutis animantibus, postquam a parentibus educatum est
iisdem senio confectis parem refert gratiam. »

(3) Lib. X, cap. XVI.

avaient donné les détails consignés dans les Bestiaires sur un point qui a servi de texte à plus d'un développement de la part des écrivains ecclésiastiques (1); et c'est d'après ces circonstances que saint Isidore, avec plusieurs étymologistes, cherche à expliquer le nom d'*upupa* (2). Les auteurs traduits par Philippe de Thaun empruntent aux livres de magie et à des superstitions qui pourraient bien avoir pour origine les écrits des Arabes, certaines propriétés mentionnées aussi par Vincent de Beauvais (3).

> Encor dit l'Escripture
> Que huppe ad tel nature :
> Ki del sanc hume oindrait
> Quant il se dormirait,
> Li Diables viendraient
> Estrangler le voldreient,
> Ceo li serait avis :
> Dunc ferait mult alt criz (4).

« Un jour, disent les écrivains juifs, Salomon (5), à l'instigation d'Asmodée, roi des démons, envoya ses esclaves à la recherche d'un nid de huppe, caché dans les rochers d'une haute montagne. On lui rapporta des petits qui furent soigneusement enfermés dans une cage de verre. La mère, ne pouvant plus pénétrer jusqu'à ceux-ci, alla chercher un ver appelé *samir*, dont le contact suffit pour briser non-seulement le verre, mais les pierres les plus dures. « Ibn-Abas lui attribue le pouvoir de distinguer les sources qui peuvent se trouver à la plus grande profondeur, comme si la terre avait pour elle la transparence du verre ; ce qui lui fait faire par Naphi une objection à laquelle il lui serait difficile de répondre : « Comment pourrait-elle voir les eaux qui sont cachées sous la terre, tandis qu'elle n'aperçoit pas le piége que couvre une légère couche de sable ? » Elien avait déjà raconté que le propriétaire d'un mur, dans lequel une huppe avait fait son nid, ayant fait boucher avec des pierres le

---

(1) Saint Cyrille, lib. III, *De adoratione*; *In Zachariam*, ibid. Homélie *De festis paschalibus* ; saint Jérôme, *In Zachariam*, ch. v, etc.

(2) Saint Isidore : « Upupam Græci appellant, quod stercora humana consideret. » Il vaut mieux, avec Varron, tirer ce nom du cri qu'elle fait entendre : *epop, vel upup.*

(3) *Speculum naturale*, lib. XVI. c. 248.

(4) *The Bestiary*, p. 120, vers 1275 (éd. de M. Th. Wrigth).

(5) *Ap.* Bochart, *Hierozoïcon*, t. II, p. 347.

trou par lequel elle pouvait entrer, l'oiseau alla chercher une herbe devant laquelle l'obstacle tomba sur-le-champ. Tous ces contes venus de la patrie des Mille et une Nuits n'ont pas été recueillis par nos auteurs qui se sont bornés, comme toujours, à copier les écrivains sacrés. Ceux-ci n'avaient vu dans l'histoire de la huppe que la leçon de haute moralité qu'ils pouvaient en tirer pour rappeler l'immortel précepte : « Tu honoreras ton père et ta mère » (1).

L'ÉLÉPHANT

L'ÉLÉPHANT est la plus grande bête du monde : il porte de lourds fardeaux ; armé de tours, il rend de grands services aux Indiens et aux Persans. La femelle porte deux ans ; elle ne donne qu'un petit. Elle a si grand peur du dragon qu'elle met bas dans l'eau, tandis que le mâle veille sur le bord pour défendre au besoin le petit et la mère. *La lettre* dit de l'éléphant qu'il vit deux cents ans. Quand le mâle veut engendrer, il va avec sa compagne et *sa pair* vers un mont voisin du paradis. Là croît la *mandragore*, dont mange la femelle, et alors elle devient mère.

« C'est l'image d'Adam et d'Ève, qui, dans le paradis où Dieu les avait placés, ignorèrent le mal jusqu'au moment où ils cédèrent aux conseils perfides du dragon, en mangeant le fruit défendu. Un nouvel Adam naquit pour nous racheter de la mort et nous sauver, en nous apprenant la sainte oraison que nous appelons le *Pater* et que nous devons répéter sans cesse. »

« Les os et la peau de l'éléphant sont très-utiles ; brûlés, ils écartent les serpents venimeux ; de ses os on fabrique l'ivoire que l'on *ouvre* en mainte manière. »

« Il est *très-corporu*, quand il va dans les pâtis, il fait sortir de sa bouche un *boyau* (2) avec lequel il prend sa nourriture ; autrement il ne pourrait l'atteindre sans s'agenouiller, et une fois à genoux, il ne pourrait plus se relever.

(1) *Exode*, ch. XX, v. 12.

(2) Gros comme une bombarde, dit l'auteur des *Propriétez des bestes*. Aristote, faisant attention, non à sa forme, mais à son usage, l'appelle avec raison *une main*.

10

« La mandragore est une *herbe fière*, dont la racine peut être d'un emploi salutaire en médecine. Sur cette racine on découvre avec un peu d'attention deux figures humaines, l'une mâle et l'autre femelle. On la cueille quand elle a trente ans. Lorsqu'on la fait bouillir, elle se plaint, elle *brait et crie :* celui qui entendrait son cri périrait. Pour la cueillir, il faut employer les plus grandes précautions.

Tout ce texte est assez clair et assez développé pour que nous nous dispensions d'y joindre un commentaire. Nous n'avons point à refaire l'histoire de l'éléphant et à rappeler toutes les fables répandues au moyen âge sur la mandragore. De toutes ses propriétés médicales, la moins contestée est peut-être celle de plonger dans un sommeil profond ceux qui avaient bu du vin dans lequel on avait fait bouillir quelques feuilles de cette plante. On raconte même qu'Annibal usa de ce stratagème pour enivrer et endormir une armée ennemie. Mais ce qui sur ce point paraît le plus digne d'intérêt, c'est le rapprochement que l'on pourrait faire aujourd'hui entre l'emploi du vin de mandragore et celui de l'éther ou du chloroforme, s'il est vrai, comme le prétendaient les médecins du moyen âge, qu'ils produisissent par ce moyen un sommeil tellement profond qu'ils pouvaient faire subir aux malades les opérations les plus douloureuses, amputer et cautériser, sans que ceux-ci s'en aperçussent (1). Guillaume n'a point emprunté aux Bestiaires latins les détails qu'ils contiennent sur les précautions à prendre pour enlever la racine de la mandragore. Voici comment Philippe de Thaun avait exposé le fait :

> Hom qui la deit cuillir
> Entur la deit fuïr (2)
> Suavet belement,
> Qu'il ne l'atuchet nient (3) ;

(1) Théophraste VI, *De plantis*; Pierre Valérien, *Hieroglyphes*, lib. LVIII, p. 613 : « Plurimus et efficacissimus est ejus usus in soporandis iis qui vel inurendi vel secandi sunt. Altissimum enim *per quatuor horas* somnum, potione ita medicata exhausta, perseverare tradunt, ut neque *ignem, neque ferrum* sentiant. » Vincent de Beauvais et Barthélemy de Glanvil ont attribué le même pouvoir à la mandragore. (Voir sur les substances anesthésiques un article du *Correspondant.*)

(2) Fouir, creuser.

(3) Nullement.

Puis prenge (1) un chen lied,
A li seit atached,
Ki ben soit afamee;
Treis jurs ait jéunée;
E pain li seit mustrez;
De luinz seit apelez;
Li chens a sei trarat,
La racine rumprat,
E un cri geterat,
Li chens mort en charat (2)
Pur le cri qu'il orat.
Tel vertu cel herbe ad
Que nuls ne la pot oir,
Sempres n'estoce murrir.

Philippe de Thaun ajoute à cette description celle des vertus mé-
dicales de la mandragore; elle peut guérir de tout, excepté de la
mort, dit-il naïvement :

De tute enfermeté
Puet trametre sainté
Fors sulement de mort
U il n'ad nul resort.

LE DRAGON

C'est le plus grand des animaux rampants. Il naît en Éthiopie; il
a la gueule petite, le corps long et reluisant comme or fin. C'est
l'ennemi de l'éléphant; c'est avec sa queue qu'il triomphe de lui;
là est, en effet, le principe de sa force; sa gueule ne porte point
venin de mort.

Ce dragon que nous venons de voir fuir au cri de la panthère,
qui s'attaque à l'éléphant, que nous retrouverons plus loin rôdant
autour de l'arbre sur lequel se pose la colombe; c'est le serpent,
l'antique serpent, que l'Apocalypse nous montre terrassé par l'ar-
change saint Michel; celui qui s'appelle Diable et Satan, l'éternel
séducteur du monde (3). Lorsqu'il s'agira de représenter aux yeux
son image, il sera difficile que la main de l'artiste n'emprunte pas,

(1) Prenne.
(2) Tombera.
(3) Et projectus est DRACO ille magnus, serpens antiquus, qui vocatur Dia-
bolus et Satanas, qui seducit universum orbem. *Apocalypse*, ch. XII, v. 9.

ponr les réunir sur lui seul, les détails propres aux nombreuses es-
pèces que décrivent les auteurs. L'air, la terre, la mer ont chacun
leur serpent-dragon. Il vole, il marche, il nage, dit saint Grégoire.
Ici il est peint avec des ailes, là avec des pattes; celui-ci est d'une
longueur médiocre, celui-là dépasse trente coudées. Le dragon dont
parle Barthélemy de Glanvil (1) répandra un venin dont l'air est in-
fecté; il aura une crête sur la tête, comme celui que Pline décrit;
un autre enflammera les airs de sa brûlante haleine (2).

Le dragon de nos Bestiaires est beaucoup plus simple. Plus tard
l'imagination surchargera son image d'attributs multiples, et les
peintres du xvie siècle donneront à l'animal qui figure le redoutable
ennemi de l'homme, le visage de l'homme lui-même (3).

C'est asséz pour le *Physiologus* que le dragon rampe sur le ventre,
(*Super pectus tuum et ventrem ambulabis*, est-il dit dans l'Écri-
ture (4)); qu'il ait une grande taille, et que, dans ses longs replis,
il puisse enlacer et étouffer le plus grand des animaux. Le démon ne
s'adresse-t-il pas de préférence aux riches et aux puissants de la
terre? La crête dont Isidore orne sa tête ne conviendra pas mal à ce
roi de l'orgueil; et si, sorti de ses cavernes, il s'élance dans l'air
qui reluit de la flamme qu'il allume, rien ne paraîtra plus propre
à caractériser l'ange des ténèbres qui fut autrefois ange de lumière.
Les poëtes raconteront sa lutte avec l'éléphant qu'il tue et qui l'écrase
dans sa chute; saint Ambroise en fera connaître le sens mystique;
les naturalistes expliqueront « comment le dragon désire la mort de
l'éléphant, parce que le sang de l'éléphant qui est froid, estanche
la grant challeur et ardeur du venym du dragon en buvant son
sang. » Et ils ajouteront encore avec Pline que, s'enivrant dans la
même proportion que l'éléphant s'affaiblit, il tombe dans un état
complet d'ivresse, au moment où celui-ci est entièrement ex-
ténué (5).

(1) *Proprietez des bestes*, p. 441 et suiv.

(2) Albert-le-Grand nie ce fait, et il l'explique en faisant observer que
l'on a donné le nom de dragons à des trombes de feu qui, dans les temps
d'orage, traversent l'atmosphère (*De Animal.*, liv. XXXV, p. 668).

(3) Bède le Vénérable ne dit-il pas que le serpent, pour parler à Ève, avait
pris le visage d'une jeune fille (*Ap.*, Vincent de Beauvais, l. XX, ch. CXXXIII)?

(4) *Genèse*, ch. III, v. 14.

(5) On peut voir, dans le curieux chapitre qu'Aldrovande a consacré au
dragon, le résumé de tout ce qui a été écrit sur lui par les écrivains sacrés

Le dragon des naturalistes n'est plus aujourd'hui qu'un petit saurien très-faible et très-innocent, vivant d'insectes, et de la taille d'un de nos lézards : *Quantum mutatus ab illo !*

LA COLOMBE

C'EST sous la forme de cet oiseau, le plus beau de tous, que le Saint-Esprit descendit au baptême de Jésus-Christ. Jadis on ne manquait pas de voir venir chaque année en la cité de Jérusalem, la veille de Pâques, une colombe blanche qui apportait le *feu novel.*

« Dans le colombier est un chef à qui tout le monde obéit. Quand il se meut, tous se meuvent. Si, sur son chemin, il rencontre des colombes sauvages, il les apprivoise et leur fait quitter leurs bois pour le suivre dans son colombier. »

« Ce colombier, c'est l'Église dans laquelle la bonne prédication a fait entrer Sarrazins et payens. Les ailes de Dieu sont assez vastes pour mettre le monde entier à couvert. Dieu est venu comme une colombe pour prêcher en terre ; maint prophète et maint messager, inspirés par le Saint-Esprit, avaient annoncé sa venue et le salut du genre humain. »

« Il y a dans l'Inde un arbre beau, feuillu et verdoyant. Il s'appelle en grec *Paradision* (1). Sur sa dextre partie habitent les colombes et elles se gardent bien de s'écarter de l'ombre qu'il répand autour de lui ; car il y a dans les environs un dragon ennemi des colombes, qui les dévoreraient si elles s'en écartaient. Il ne peut atteindre celles qui demeurent sur l'arbre.

« Si l'ombre s'étend vers le côté droit, le dragon se tient aux aguets en la sénestre partie et *vice versa;* car lui-même craint l'ombre du paradision qui le ferait mourir. »

« L'arbre de vie, c'est Dieu le père omnipotent ; le fruit, c'est Jésus-Christ ; l'ombre, c'est le Saint-Esprit qui dans le corps de

---

et profanes. Les figures dont le texte est accompagné n'en sont pas la partie la moins intéressante (Ulyssis Aldrovandi *Opera*, Boroniæ, 1599 et seq. 13 vol. in-f°).

(1) Ou plutôt *paradeixion*, que personne, avec Guillaume, ne traduira par *verdure*.

Marie *s'aombra*. Le fruit qu'Adam avait goûté nous avait déshérités de la joie du ciel ; le fils de Dieu qui but le fiel nous a rachetés ; et le *mal dragon* qui nous guette nous met à mort sitôt qu'il nous trouve hors de l'ombre qui nous protége. »

« Celui qui ne croit pas un Dieu en trois personnes est de la gent de l'Antechrist. Soyez simples comme la colombe et sages comme le serpent , dit l'Évangile. »

« Il y a des colombes de toutes couleurs , blanches , grises , azurées, stéphanines , noires, fauves, rousses, vermeilles, cendrées ; quelques-unes ont toutes ces couleurs réunies. Les douze principales couleurs dont elles sont ornées représentent les douze prophètes qui annoncèrent de manières différentes l'avénement de Notre-Seigneur. Ils s'accordent tous néanmoins quand on sait les interpréter. »

« La colombe cendrée est Jonas , qui alla vers les habitants de Ninive avec la haire et la cendre ; celle qui ressemble à l'air , c'est Hélie ; la blanche est saint Jean-Baptiste ; la rouge signifie la Passion ; la stéphanine saint Étienne , le premier martyr. »

« Vous avez ouï des colombes ce chapitre qui est moult long ; bons exemples y pouvez vous prendre. »

Les anciens avaient vanté , d'après Aristote , la chasteté de la colombe , et les Égyptiens avaient fait d'elle le symbole de la veuve qui ne prend pas un second mari (1). Élien (2) et Porphyre qui le cite, assurent même que les colombes mettent à mort les adultères. Mais après que les Pères eurent choisi de préférence la tourterelle pour cet emblème spécial, la colombe a dû, conformément aux textes sacrés qui faisaient loi en cette matière , devenir l'image et le symbole du Saint-Esprit (3). Puis , par extension , l'âme des saints , cette âme faite à l'image de Dieu , fut représentée sous la forme d'une colombe. C'est l'emblème qui se trouve le plus souvent sur les sarcophages primitifs. Là , on la voit emporter dans son bec une palme , une branche d'olivier, ou des raisins , figurant l'âme des confesseurs qui montent au ciel , après avoir versé comme un vin généreux leur sang sur la terre. C'est sous la forme d'une colombe que la tradition , recueillie dans un des *plus anciens monuments* de

(1) Horus Apollo , *Hiéroglyphiques*, liv. II , ch. XXX.

(2) *De Animalibus*, lib. III , cap. XLIV.

(3) *Genèse*, lib. VIII, v. 8 et 9 ; *Cantiques*, ch. II, v. 14 ; *Saint Mathieu*, ch. III , v. 10.

la langue française, montre l'âme de sainte Eulalie s'élevant vers le ciel après son martyre (1).

Que peut être, en vertu de ces touchants souvenirs, un temple chrétien, sinon, comme l'appelle Tertullien, *la maison de la colombe* (2)? Le dais ou pavillon qui surmontait l'autel recevait le nom de la colombe qui y était attachée; on l'appelait *Peristerarium* et on le désignait aussi sous les noms de *Turris* et d'*Umbraculum*. Toutes ces circonstances s'accordent avec le récit de Guillaume. Quant au dragon que notre poëte place autour de cet arbre figuratif dont les colombes, images des âmes fidèles, ne peuvent s'écarter sans danger, rien de plus transparent que le voile allégorique imaginé pour caractériser en lui le démon, qui erre comme un voleur autour de nos demeures, *aliquem quærens quem devoret.*

L'AIGLE

C'EST le roi des oiseaux; quand il vieillit, que ses yeux s'obscurcissent et que ses ailes ne peuvent plus le porter, il s'élève vers les plus hautes régions du ciel, et quand le soleil a brûlé ses ailes et éclairci sa vue, il se laisse tomber dans une fontaine, s'y plonge trois fois et en sort rajeuni. Ses yeux sont tellement perçants, que, si haut qu'il soit, il aperçoit dans la mer les poissons, il fond sur eux et en fait sa proie. Il ne reconnaît pour ses petits que ceux qui peuvent regarder fixement le soleil.

« L'aigle qui se renouvelle, c'est le juif ou le chrétien qui, plongé dans la fontaine spirituelle, peut jouir ainsi de la vue du vrai soleil, qui est Jésus-Christ. »

Les qualités qui ont porté les Égyptiens, les Grecs, les Romains, les Arabes, à considérer l'aigle comme le roi des oiseaux, la rapidité de son vol, la finesse de sa vue, sa force et sa longévité, ont été

---

(1)   La domnizelle celle kose non contredist;
        Volt lo seule lazsier; si ruovet Krist;
        In figure de columb volat a ciel.

Le Martyre de sainte Eulalie, d'après un manuscrit du IXᵉ siècle; ap. *Elnonensia*, p. 16.

(2) Tertullien, *Contra Valentinianum*, cap. III.

dans les Livres saints, depuis le Cantique de Moise jusqu'à l'Apo-
calypse, signalés avec une poésie d'expression qui devait attirer sur
lui l'attention de l'auteur et des commentateurs du *Physiologus*.
Ainsi que le lion, il a été, pour l'antiquité payenne, l'objet des em-
blèmes les plus variés, et il a pris une place non moins brillante
dans notre symbolique chrétienne. Tout ce que Guillaume dit de
l'aigle se trouvait dans l'Hexaëméron d'Eustathe et dans l'ouvrage
de saint Épiphane. *Mysticus ales aquila*, disent-ils tous ; et l'aigle
est chez eux la figure de Dieu, des anges, des fidèles, du plus su-
blime des apôtres ; c'est l'esprit qui s'élève dans les hautes régions
de l'idéal.

L'aigle de saint Jean servait fréquemment de support au pupitre
des anciennes chaires : cet emblème remonte aux premiers temps du
christianisme. Il est déjà dans les peintures des catacombes (1). On
le voit dans les dessins de Villars de Honcourt, à la Bibliothèque
impériale (f^d S. G. latin, 1104).

Les deux points principaux de sa légende, telle que la repro-
duisent les Bestiaires, sont fondés, le premier, sur le passage du
psaume CIH, v. 5, si souvent commenté : *Renovabis sicut aquila
juventutem tuam;* et le second, sur les textes qui, comme celui
de Moïse (2), montrent l'aigle portant ses petits sur ses ailes.

Le cardinal Bembo, dans un sonnet adressé au soleil, fait une poé-
tique allusion au rajeunissement de l'aigle, raconté aussi par Sadains
et par Albert-le-Grand (liv. XXI:I). Les vers suivants d'Aratus
Diaconus, dans ses *Commentaires sur les Actes des Apôtres*, l'ex-
priment ainsi :

> Et declinatis senio jam viribus, ales
> Flammifero sub sole jacet, pennasque gravatas
> Ejus in igne fovet, nocturnaque lumina pandit
> Atque oculos radiis ardentibus ingerit ægros
> Ad veterem reditura diem.

Le rajeunissement de l'aigle est considéré par les naturalistes comme
un simple renouvellement de son plumage après la mue. Mais les
commentateurs des psaumes, prenant ce mot dans une acception

---

(1) *Roma subterranea*, t. II, p. 451.
(2) *Deutéronome*, XXXII, 11 « Expandens alas suas suscepi ⌐illos. »

plus positive, avaient emprunté à la tradition le récit qui faisait trouver à l'aigle une véritable fontaine de Jouvence; ce qui rendait l'explication symbolique beaucoup plus brillante. Parmi les Pères, les uns, comme saint Jérôme, se contentent du premier sens ; mais Eustathe, saint Épiphane, le Commentateur anonyme des psaumes, ont préféré le second. Ils y ajoutent un autre détail rappelé par Richard : « L'aigle brise contre la pierre son bec devenu trop long » : et saint Augustin s'en empare, comme nous l'avons vu, dans son commentaire sur le psaume CII (1). L'auteur du *De Natura Rerum* que Vincent de Beauvais cite aussi souvent que le *Physiologus*, avec lequel il semble avoir partagé l'honneur de servir de manuel aux écrivains mystiques, complète la narration, en exposant que, lorsque l'aigle s'est plongé trois fois dans les eaux glacées, il est saisi d'une fièvre très-forte, regagne son nid où ses petits déjà grands et forts le réchauffent ; une sueur abondante le dépouille de toutes ses plumes, et quelque temps après, il a recouvré sa jeunesse et sa vigueur première.

Les paroles du prophète, qui assimilent le Seigneur, si affectueux et si tendre pour le peuple qu'il avait choisi entre tous les autres, à l'aigle qui porte ses petits sur ses ailes, avaient fait ranger le roi des oiseaux parmi les animaux qui se distinguent par leur tendresse pour leurs petits. Les commentateurs le représentent leur enseignant avec une sollicitude touchante à essayer leurs ailes encore faibles. Mais pour qu'ils puissent être l'objet d'un si tendre intérêt, il faut qu'ils s'en montrent dignes Or, les anciens avaient dit : « L'aigle met au monde trois petits : il en abandonne deux, et n'en élève qu'un seul (2). »

Quelle raison pouvait motiver cette préférence en vertu de laquelle l'aigle, comme le père romain, choisissait celui qu'il consentait à regarder comme son fils ? Il le prenait dans ses serres, l'emportait dans les airs et le forçait à regarder le soleil. Celui qui ne pouvait résister à cette épreuve, était, disent les auteurs de nos

---

(1) « Sive illa vera sunt quæ dicuntur de aquila, sive sit fama potius hominum quam veritas; veritas est tamen in scripturis, et non sine causa hoc dixerunt scripturæ. Nos quidquid illud significat faciamus, et quam sit verum non laboremus. » Saint Augustin, *In psalmum* LXVI.

(2) D'autres disent qu'il a deux petits et qu'il n'en adopte qu'un, et ils trouvent dans ce fait l'histoire figurée de Jacob et d'Ésaü.

Bestiaires, délaissé comme bâtard, *guerpi avoutre* : « Et sachiez, dit à ce sujet Brunetto Latini, que un oisel vil, qui est apelé *Fulica* acomplist l'office du roial oisel. Car ele reçoit celui entre ses filz et norist auxi come ses filz » (1).

Garnier de Pont-Sainte-Maxence, dans sa *Vie de saint Thomas-le-Martyr*, se sert de l'exemple de l'aigle rejetant celui de ses petits qui ne peut regarder fixement le soleil, pour prouver que Dieu doit aussi rejeter ceux qui refusent de l'aimer et de lui obéir :

> Quant l'egle ad ses pucins fez el ni eschapir,
> Encontre le soleil lor feit les oelz ovrir :
> Cel ki le rai ne poet esgarder et soffrir,
> Cel fet del ni aval trebucher et kaïr.
> Ki Deu ne vout aimer, Deus ne l'vout pas nurir.
>
> Deus ad à tuz doné sens et force et poeir,
> A chascun let ovrer, tut solunc son voleir.
> Et quant pur faire mal met Deu en nonchaleir
> Et despent en péché sa force et son saveir
> Voleiz vus dunc juger ke Deus le deit aveir ?

LA BALEINE

C'EST la grande merveille de la mer. La couleur de ses cherdes (écailles) la fait ressembler à un vaste banc de sable. Les marins passant dans son voisinage, la prennent pour une île, y descendent, y allument du feu et y font leur cuisine, enfonçant de grands pieux dans ce qu'ils prennent pour du sable. Aussitôt que le monstre sent la chaleur, il se plonge dans l'abîme et entraîne avec lui la nef avec ses matelots.

« Ainsi sont trompés les *dolents et chétifs mécréants* qui ont fiance dans le diable. Au moment où ils y pensent le moins, le *larron que mal feu arde*, se plonge dans l'enfer et les y entraîne avec lui. »

---

(1) Tous ces détails doivent être connus de ceux qui s'occupent d'iconographie. Nous lisions dernièrement, dans un ouvrage estimé, l'explication d'une peinture sur verre où l'auteur croyait voir un vautour déchirant une colombe : en y regardant de plus près, il y aurait reconnu notre aigle tenant un de ses petits dans ses serres et le forçant à regarder le soleil.

Cette grande merveille de la mer, qui rappelle l'idée de la serre, dont nous avons parlé plus haut (1) , ne pouvait être comparée qu'au démon. « Ce est, dit Brunetto Latini, le poisson qui receut Jonas le prophète dedans son ventre, segont ce que l'histoire du viel testament nous raconte qu'il cuidoit estre alé en enfer pour la grandeur du lieu où il estoit. » L'expression employée par la Genèse pour caractériser les baleines, *Et fecit Deus cetos magnos* (2), ouvrait un vaste champ aux écrivains qui pourroient être appelés à les décrire sans les avoir vues. La vaste mer recèle dans son sein bien des merveilles : *In mare multa latent*, dit Oppien. De même qu'Élien et Pline, les auteurs sacrés se plaisent à en agrandir les proportions (3). Et les termes mêmes dont se sert saint Ambroise (4), devaient se retrouver dans la description donnée par le *Physiologus*. « Quand on la voit, dit-il, s'élever sur la surface des flots, on dirait que c'est une île flottante couverte de hautes montagnes dont les sommets touchent le ciel. » L'hyperbole avait ainsi reçu pour les auteurs de nos Bestiaires une sorte de consécration. C'était chez eux le même monstre, avec quelques variantes dans les détails. L'*Image du Monde*, et Brunetto Latini, par exemple, cherchent à faire concevoir comment les matelots peuvent prendre un poisson pour une île. « Cestui poisson esleve son dos en haute mer, et tant demoure en un lieu, que le vent aporte sablon et adjouste sur lui, et i naist arbres et arbrissiaux (5). » Mais les rabbins dépassent à ce sujet toutes les limites de l'exagération. La baleine, pour quelques-uns, a quinze cents stades de longueur. « Au jour de la création, dit le faux Esdras (6), deux vastes

---

(1) P. 86. Sur les poissons monstrueux, et particulièrement sur le kraken du Nord, le *soe-straiden* de la Norwége, on pourra consulter, outre les écrivains que nous avons indiqués, un article de la *Revue brtannique* de juin 1835, t. XV.

(2) *Genèse*, ch. I, v. 21.

(3) Saint Bazile, *Hexaëméron*, homilia VII ; Eustathe, *Hexaëméron*, p. 19.

(4) Si quando super natant fluctibus, innare insulas putes, montes altissimos summis ad cœlum verticibus eminere. Saint Ambroise, *Hexaemeron*. Juba, cité par Pline, ne donne à la baleine que 600 pieds ; elle a, pour le naturaliste roman, quatre jugères, surface égale à celle qu'occupent certaines villes. Liv. IX, ch. I.

(5) *Manuscrit de Rouen*, ch. CXXX.

(6) Lib. IV, ch. 6.

animaux sortirent du néant, *Béhémot* et *Léviathan*, dont chacun couvrit la septième partie de la terre. » Dans un des livres talmudiques (1), il est dit qu'un vaisseau naviguant sur le dos d'un de ces monstres marins, employa trois jours pour faire le trajet d'une de ses extrémités à l'autre. » Nous ne pensons point que jamais l'hyperbole ait été portée plus loin, à moins que ce ne soit par un commentateur arabe (*Quo genere hominum nil nugacius*, dit Bochart), qui prétend que la terre tout entière repose sur le dos d'une baleine, et que c'est ce qui cause les tremblements de terre. « Un jour, le démon l'avait presque décidée, par ses sollicitations, à se débarrasser de son fardeau, lorsque Dieu intervint pour sauver du danger notre globe et ses habitants. »

Nos écrivains, qui se répètent quelquefois, prêtent à la baleine une propriété déjà accordée à la panthère, celle d'attirer par la suavité de son haleine les petits poissons qui arrivent à la file et s'engloutissent dans sa panse, « aussi large qu'une vallée, » dit Guillaume. Encore un motif pour rappeler que la baleine est la figure du démon : « Les gens de petite foi, attirés par ses séduisantes amorces, viennent à lui sans défense; il ouvre sa gueule et les engloutit. Les hommes de *bonne croyance* savent se mettre en garde contre lui : il ne fait sa proie que des méchants. »

LE RENARD

Le goupil (renard) (2) ne vit que de vol et de tricherie. Quand la faim le presse, il se roule sur la terre rouge et il semble être tout ensanglanté : alors il s'étend dans un lieu découvert, retenant son souffle et tirant la langue, les yeux fermés et *rechignant les dents*, comme s'il était mort. Les oiseaux viennent tout près de lui sans défiance, et il les dévore. »

« Ainsi le démon dévore l'imprudent qui ne se défie pas de ses ruses. Mais les hommes sages qui savent apprécier les moyens qu'il

---

(1) *Bara Bathra*, fol. 73, col. 2 (ap. Bochart, ch. VII, p. 30).

(2) Le nom de goupil (*volpil*), emprunté par la langue romane au latin *vulpes*, a fait place, comme on le sait, à celui qu'avait popularisé le succès obtenu par le *Roman du Renart*.

emploie, c'est-à-dire les *buveries*, les *ivresses* et les *lécheries*, pour surprendre les insensés, n'ont garde de se laisser prendre dans ses piéges.

Les nombreux récits relatifs au renard, signalé déjà par Aristote comme un animal fourbe et malfaisant, *animal callidum et maleficum* (1), ont fait de lui, dans tous les temps, l'emblème de la ruse, de la perfidie, de la trahison et de l'hypocrisie : tromper, c'est agir en renard, *vulpinari*. Il n'était donc pas besoin de la célébrité que donnaient au renard les nombreux Bestiaires, pour que son souvenir fût l'objet de fréquentes allusions, et que son image fût souvent représentée parmi les sculptures emblématiques dont furent ornées les églises du moyen âge. Nous convenons sans peine que la grande épopée satirique dont il fut l'objet, a contribué, beaucoup plus que tous les ouvrages analogues à celui de Guillaume, à populariser son nom. Les attributs avec lesquels on le représente et les traits dont se compose son caractère, sont empruntés le plus fréquemment aux diverses branches du *Roman du Renart* (2). Mais, excepté dans les cas nombreux où, au lieu de le peindre avec ses propres défauts, on lui prête les travers et les vices des hommes, le renard est toujours le fourbe auquel nos auteurs assimilent le démon, les faux docteurs et les hypocrites. Nous pourrions citer une foule de passages qui prouveraient combien ces sortes de comparaisons s'étaient promptement popularisées (3).

---

(1) *Histoire des Animaux*, liv. I, chap. I.

(2) On voit encore, sur le portail principal de l'église de Brandebourg, un renard en habit de moine qui prêche des oies. Vers le milieu du XIIIᵉ siècle, on faisait à Paris une procession dans laquelle un renard, couvert d'un espèce de surplis, paraissait au milieu des ecclésiastiques, la mitre et la tiare sur la tête. Non loin du chemin qu'il suivait, on avait placé de la volaille; et le renard, sans respect pour l'habit qu'il portait, se jetait de temps en temps sur les poules, à la grande joie des assistants. (*Collection des meilleures dissertations relatives à l'histoire de France*, t. X, p. 75). Ap. Du Méril, *Poésies populaires latines antérieures au XIIᵉ siècle*, p. 27.

(3)   Sic cum fraude viri sunt vulpis nomine digni,
          Quales hoc plures tempore sunt homines.
                         (*Physiologus* de Thibault.)

     Tot cil qui sont d'engin et d'art
     Sont mes tuit appelé Renart.
                         (*Roman du Renart*, v. 117.)

     Ele set trop de renardie.
                         (*Roman de la Violette*, v. 33.7.)

L'Évangile n'avait pas cru se servir d'une qualification plus propre à caractériser la méchanceté d'Hérode, qu'en lui donnant le nom de renard. Philippe de Thaun ne l'avait pas oublié (1) :

> E Erode en verté
> A gupil fud esmé ;
> E nostre sire dit
> Pur veir en sun escrit :
> « Dites à la gupille
> « Qu'il fait grant merveille. »

Entre tous les faits et gestes attribués au renard par les naturalistes anciens, le *Physiologus* n'avait mentionné ni l'habileté avec laquelle il choisit et dispose sa tanière, ni les ruses auxquelles il a recours, soit pour prendre des poissons en se servant de sa queue comme d'une ligne, soit pour s'emparer du miel des guêpes, soit pour échapper à la poursuite ou aux piéges des chasseurs, soit pour s'assurer s'il peut, sans danger, s'exposer sur une rivière prise par la glace (2).

Nos Bestiaires, pour justifier la comparaison du goupil au démon, s'étaient contentés de rappeler celle de ses ruses qui peut être considérée comme son chef-d'œuvre, et que le fabuliste français a attribuée à son illustre Rodilard. Dans le *Physiologus* de saint Épiphane, comme dans le récit de notre La Fontaine, quand le fourbe veut attirer ses victimes, il contrefait le mort, et les étourdis se laissent prendre au piége. Un petit nombre seulement échappent au danger (3). Pour lutter avec avantage contre un ennemi si habile, le *Physiologus* conseille aux chrétiens la prière ; et c'est le même avertissement que nous donne saint Jean-Chrysostôme, dans la belle homélie où il compare les vices de l'homme aux instincts désordonnés des animaux (4).

(1) Saint Luc, chap. xiii, v. 32. La même comparaison se trouve dans le *Physiologus* de Thibault (édit. de Beaugendre, col. 1175) :

> Herodesque fuit qui Christum quærere jussit,
> Credere se simulans, perdere dissimulans.

(2) Élien, *Histoire des Animaux*, liv. IV, chap. xxxix ; Oppien, *De arte venandi*, lib. IV ; Lactance, *De ira Dei*, cap. vii.

(3) Dans la fable de La Fontaine, il n'y a qu'un seul rat qui montre de la prudence :

> La gent trotte-menu s'en vient chercher sa perte :
> Un rat *sans plus* s'abstient d'aller flairer autour.

(4) Homélie sur le premier chapitre de saint Mathieu.

LE VAUTOUR

L E vautour qui se nourrit de cadavres sent de loin sa proie et se précipite pour la saisir du plus haut des airs. Il vole à la suite des armées dans l'espoir de trouver après le combat une abondante nourriture. Le vautour devait nécessairement devenir le symbole du pécheur.

De même que l'oiseau de proie ne vit que de la chair des cadavres, de même le pécheur ne se plaît qu'au sein des plaisirs charnels qui donnent la mort. Se mettant à la suite de l'armée du démon, il recherche la compagnie des réprouvés dont il imite les mœurs désordonnées. Le vautour s'élève quelquefois dans les airs ; mais souvent il marche sur la terre. Il est encore dans ce cas l'image de ces hommes faibles et sans énergie, qui, après quelques efforts pour s'élever dans les régions supérieures du bien, retombent sur la terre et rampent dans la fange du péché.

TABLE DES MATIÈRES.

———

CE PRESENT LIVRE

FUT ACHEVE D'IMPRIMER A CAEN

LE PREMIER DECEMBRE M D CCC LIX

PAR B. DE LAPORTE

POUR A. AUBRY, LIBRAIRE

A PARIS

www.ingramcontent.com/pod-product-compliance
Lightning Source LLC
Chambersburg PA
CBHW070610100426

42744CB00006B/444